# 第一次到中国

陶翠屏 著

西北工业大学出版社
西安

# 图书在版编目（CIP）数据

第一次到中国 / 陶翠屏著．— 西安：西北工业大学出版社，2021.1（2022.5重印）
　ISBN 978-7-5612-7505-4

　Ⅰ．①第… Ⅱ．①陶… Ⅲ．①中国-概况 Ⅳ．①K29

中国版本图书馆CIP数据核字（2021）第000740号

DI-YICI DAO ZHONGGUO
第 一 次 到 中 国

| | | | |
|---|---|---|---|
| 责任编辑：李文乾 | | 策划编辑：雷　鹏 | |
| 责任校对：李　欣 | | 装帧设计：李　飞 | |
| 出版发行：西北工业大学出版社 | | | |
| 通信地址：西安市友谊西路127号 | | 邮编：710072 | |
| 电　　话：（029）88491757，88493844 | | | |
| 网　　址：www.nwpup.com | | | |
| 印　刷　者：西安五星印刷有限公司 | | | |
| 开　　本：710 mm×1 000 mm | | 1/16 | |
| 印　　张：17.5 | | | |
| 字　　数：233千字 | | | |
| 版　　次：2021年1月第1版 | | 2022年5月第2次印刷 | |
| 定　　价：50.00元 | | | |

如有印装问题请与出版社联系调换

# 前言

随着世界的发展、全球化的深入，各国人民之间的相互交往日趋密切与频繁，中西方之间的差异也就更加突出。笔者在德国生活了二十多年，深深体会到这些差异带来的不便。在日常生活和工作中，中西方之间的文化差异、生活习惯的不同，导致了人与人之间的误会和偏见，甚至发展到相互之间感情的破裂，严重影响了工作和生活。

中国有一句俗话："十里不同音，百里不同俗。"更何况不同国家、不同语言、不同文化之间的人际交往了！笔者将自己的亲身经历和所见所闻，以及中西方的差异写入了《第一次去德国》和《第一次到中国》这两本书中。《第一次去德国》（湖北科学技术出版社，2016年）一书已经出版，重点介绍中国人、西方人在生活和工作当中的点点滴滴。风俗习惯之异，并无对错之分，只有理解和包容深浅之别。而现在这本书——《第一次到中国》，它的重点在于介绍中国传统文化。

《第一次到中国》描述了一位德国中学生汉斯，作为交换生来到上海，他在中国的三个月时间所经历的事情和遇到的问题。比如，汉语有多少个字，中国人的主食有哪些，婚床上为什么放红枣和花生，"三百千"是什么，什么是中国人治家的法宝，等等。它用一个个趣味十足的问题引出了汉斯看到的、听到的以及自己经历的事。一方面让读者从各个方面了解中国的文化、中国的山水、中国人的生活、中国的风俗，另一方面让读者理解西方人对日常生活中不同于中国人的想法、看法、做法以及西方人的风俗习惯等。

笔者希望这本书能让读者对中国悠久的历史、奇妙的文字、丰富的风俗、热情的人民有一个初步的认识；对中国不同于西方之处有一个大概的认识。《第一次去德国》和《第一次到中国》均描述中西方之间的不同，前者以中国人的眼光，后者从德国人的角度。例如，在中国的吃喝住行、孩子教育、语言文字、风俗习惯、结婚生子、养老医保、汉字特点、日历对联等方方面面。只有更多的人去了解它们，去理解它们，才能促进各国人民之间的交往，避免生活、工作和文化差异带来的误会，消除偏见，促进包容。当然，也希望在促进中西方文化的交流上，贡献自己的一份薄力。

本书得以出版，承蒙亲朋好友的支持和帮助，借此机会，一并表示诚挚的谢意！

由于水平有限，难免有疏漏之处，欢迎读者批评指正。

陶翠屏<br>2019年12月7日于德国

# 目录

有朋自远方来，不亦乐乎？　　001
星期天和节假日商店还开门？　　004
食品盒上标明的日期表示什么？　　007
你叫什么名字？　　010
什么是课间操？　　013
谁是中国的第一位皇帝？　　017
为什么大学生还要军训？　　019
如何过马路？　　022
为什么用这么大的嗓门说话？　　025
人民币的单位是什么？　　028
中国有多少种方言？　　031
筷子能代替刀叉吗？　　036
中国人的主食有哪些？　　039
省名与山川河流有关吗？　　044
一年有多少天为法定节假日？　　047
二十四节气指的是什么？　　052

什么是十二生肖？　　　　　　　056
如何买火车票？　　　　　　　　059
火车站还要安检？　　　　　　　063
接新娘还要给红包？　　　　　　065
婚床上为什么放红枣和花生？　　068
哪一天是赏月最佳日？　　　　　071
堂哥与表哥有什么区别？　　　　074
汉语有多少个字？　　　　　　　077
什么是拼音声调？　　　　　　　081
汉字是什么样的结构？　　　　　085
中国人如何打招呼？　　　　　　089
中文有性数格的变化吗？　　　　092
世上有一字一音的语言吗？　　　095
怎样用键盘输入汉字？　　　　　098
文房四宝指哪四宝？　　　　　　101
你知道"六尺巷"的故事吗？　　106
绿茶、红茶和乌龙茶的区别在哪儿？　109
中国有哪些名菜系？　　　　　　113
世上有阴阳之分吗？　　　　　　117
什么是对联？　　　　　　　　　120
世界上最长的古代运河在哪里？　124
高速公路上车子抛锚怎么办？　　127
高考有这么重要吗？　　　　　　131
退休年龄到底是多少？　　　　　135

| | |
|---|---|
| "一日为师，终身为父"是什么意思？ | 139 |
| 什么是百日宴？ | 142 |
| 长寿面该哪天吃？ | 146 |
| 晨练或晚练必须加入体育俱乐部吗？ | 149 |
| 太极图的含义是什么？ | 153 |
| 为什么乒乓球是中国的国球？ | 157 |
| 一只手能表达十个数字吗？ | 160 |
| "望闻问切"指的是什么？ | 164 |
| 什么是阴阳五行学说？ | 167 |
| "坐月子"是什么意思？ | 171 |
| 什么是钟点工？ | 174 |
| "三百千"是什么？ | 177 |
| 用手机也可以付款吗？ | 180 |
| 中国人的养老观是什么？ | 184 |
| 人人都可以炒股票吗？ | 188 |
| "双十一"是什么节？ | 191 |
| 为什么中国人对竹子深有感情？ | 194 |
| 什么是算盘？ | 198 |
| 桌子的形状有何说法？ | 203 |
| 孔子的思想属于什么范畴？ | 207 |
| 为何泰山为五岳之首？ | 211 |
| 青岛人如何看德国？ | 215 |
| 什么是中国人治家的法宝？ | 219 |
| 你见过道、佛、儒合一的寺庙吗？ | 223 |

北京的建筑有何特点? 228
"单位"有哪几个意思? 232
中国大学的学生宿舍是什么样子的? 235
"老三件"是什么? 239
旧报纸还可以卖钱吗? 243
中国人最喜欢下的棋是什么? 246
汉字有几种写法? 250
数字的汉字写法还有大小写之分吗? 253
为什么中国人把龙看作自己的象征? 257
汉语中到底有多少个量词? 261
长城有哪些迷人之处? 266
送君千里,终有一别? 269

# 有朋自远方来，不亦乐乎？

汉斯在童年时有一位令他难忘的朋友①。他叫马丁一。汉斯与马丁一同年出生，只是汉斯比马丁一年长2个月左右。当时，他们在儿童公共场所认识的，汉斯的这位小朋友与他父母从中国来到德国。刚开始马丁一不会说一句德语，后来，马丁一的德语水平大有长进。汉斯与马丁一之间无话不说，经常一起在儿童公共场所荡秋千、爬墙壁、踢足球、玩游戏。马丁一在德国待了一年之后，就与他的父母离开德国，回中国了。当汉斯目送马丁一离开的那一瞬间，他头脑中便闪出了一个念头，那就是，有一天他要去一趟中国，看一看马丁一的故乡——中国。

当汉斯17岁这一年，学校组织11年级学生去上海一所中学进行相互交流，汉斯事先没有告诉他的父母，就报了名。他回家后，才跟父母说了这件事。好在汉斯的父母并不反对，还很支持他。汉斯父母的态度让他很欣慰。

今天，汉斯的爸爸、妈妈，还有妹妹都到法兰克福机场给他送行。在飞机上，汉斯特别兴奋，睡不着觉，他去中国的梦想终于就要实现了。飞

---

① 有关汉斯和马丁一在德国的故事见《第一次去德国》（湖北科学技术出版社，2016年）。

上海市区夜景（陶翠屏 摄）

机经过了12小时的飞行，到达了上海浦东机场。接受汉斯的交换生家庭全家出动，迎接这位远方到来的小客人。汉斯只知道他的交换伙伴叫王小刚。带队老师将汉斯介绍给他的交换生家庭之后，王小刚先迎了上去，然后是王小刚的父母。汉斯很有礼貌地说："您好！王先生。"他接着对王小刚的母亲说："您好！王阿姨。"王小刚一家三口先相互看了一眼，没有说话，停了一会，王小刚才从汉斯手中拿过行李，说："汉斯，快把行李给我们，赶紧回家吧！"

就这样，汉斯到了王小刚的家。汉斯一进门，看见房间整理得干干净净。这是一套三室一厅的房子。王小刚一间，他父母一间，一间书房，中间是一个大客厅。王小刚的母亲给汉斯介绍各个房间："这是客厅，我们在这里吃饭。" 王小刚手指前面一个房间："那是我父母的卧室，旁边是我爸爸的书房。"王小刚迫不及待地对汉斯解释道。王小刚的母亲领着汉斯走进一个房间："这是小刚的房间，不过，现在属于你的啦。"

"哦，那小刚睡哪儿？"汉斯问道。

"汉斯，这不用你操心啦，小刚现在住我们的书房。"

"谢谢！王阿姨。" 汉斯一边说，一边看房间。王小刚的房间不大不小，明亮干净。房间两边，一边是书架，上面放着书籍；另一边是柜子，里面放着各种各样的玩具。这时，王小刚一下子转过话题，说："我妈妈不姓王，而姓杨。"

"哦，难道你父母还不是一个姓吗？"汉斯惊奇地问道。

"是呀，这有什么奇怪的，在中国就是这样的。"

"我父母是同一个姓，姓Freud。我妈妈以前姓König，她与我爸爸结婚以后，便改了姓，随我爸爸的姓。"

汉斯走到王小刚的母亲前，说道："对不起，杨阿姨，我前面说错了。"

"没关系，汉斯。"王小刚的母亲摸着汉斯的头说。这时，王小刚的父亲走过来，说："汉斯，以后你还会遇到东西方之间不同的地方，你有什么不明白的事和问题，尽管问，我们就是要在相互交流之中，避免和消除误会！"

汉斯心里一下子变热了，有这么好的一家作为交换生家庭，是自己的福分。从此，汉斯开始了他在中国的3个月学习生活。

## 星期天和节假日商店还开门？

昨夜汉斯睡得很好，早上八点钟才起床。今天正好是星期天，王小刚一家三口都在家，他们等着汉斯起来之后一起吃早餐。今天的早餐是牛奶、包子和油条。吃完早饭，王小刚问汉斯："汉斯，你今天想干什么？"

汉斯回答道："我还没想好。"

王小刚接着问："你想在家休息，还是去逛街？"

汉斯感到奇怪，便问王小刚："今天是星期天，难道商店还开门？"

王小刚答道："当然开门啦。"

"哦？"

"汉斯，你为什么感到奇怪呢？"王小刚摸不清头脑地问道。

汉斯回答道："在我们那里，星期天商店是不营业的。"

"在中国，周末大家放假，人人有空，正是全家一起去商店买东西的好时间。"

"那节假日呢？"汉斯追问下去。

"与周末一样，这是商店卖东西的最佳时机，没有哪个商店会在星期天

上海南京路上来来往往的人们（陶翠屏 摄）

和节假日关门的。"

王小刚的父亲插话问道："汉斯，在欧洲，商店这个时候关门吗？"

汉斯转过头来，回答道："是的，在德国，商店在星期天和节假日是不营业的，有些店主想开门，也是不允许的，因为在法律上有规定。"

"难怪听说星期天要上街买东西，你感到纳闷了。"

"是呀。"

王小刚的母亲问汉斯："今天你想不想上街看一看？"

汉斯不假思索地大声答道："想！"

"那我们还等什么呀,赶快准备,马上出发。"

汉斯昨天才到上海,虽然他有些累,但是却被上海的高楼大厦、满街的汽车、来来往往的人群所吸引。此外,他也想借此机会,买一些自己需要的日常用品。他很快收拾好行装,背着双肩包,走出了房间。

这时,王小刚一家已在客厅里等候了。王小刚拉着汉斯的手,大声喊起来:"汉斯,我们进城啰!"

"我们进城啰!"汉斯也跟着王小刚喊起来。

王小刚的父母、王小刚和汉斯一起,欢欢喜喜地上街去了。

## 食品盒上标明的日期表示什么?

王小刚一家三口与汉斯来到了上海最热闹的街道——南京路。汉斯一走到那里,便傻了眼,他从来没有看到过这么多的人,人们是一个挨着一个,稍微不注意,就会踩着前面人的鞋了。你想穿过人群,还得要有技巧,最好是随着人流往前走。尽管汉斯从老师那里和书本上了解到,中国是一个地大物博、人口众多的国家,但是还是出乎他的意料。此刻,他站在热闹繁华的南京路上,才真正体会到了,"中国人口众多"这一大特点了。

汉斯跟着王小刚一家走进了一家超级市场。这个超级市场面积大,顾客也多,但比起外面路上的人来讲,那可是小巫见大巫,没有什么大惊小怪了。王小刚的父母在这里买了不少吃的东西,他们还不时问问汉斯,他想吃什么。汉斯也买了一些他自己需要的东西。等他们回到家,大家也走累了。王小刚的母亲问:"汉斯,你的肚子饿了吗?"还没等汉斯回答,王小刚喊道:"妈妈,我的肚子早就饿了。你有什么好吃的东西吗?"

王小刚的母亲从刚提回家的袋子内拿出一盒饼干,说:"小刚,给你,你拿过去和汉斯一起吃吧,先填一下肚子,我马上做饭。"

王小刚接过饼干盒，打开后，从中拿出一块饼干，然后将它递给了汉斯："汉斯，给你。"

汉斯从王小刚手中接过饼干盒，也拿出一块饼干吃着。他看着饼干盒很漂亮，将手上的饼干盒前后翻了一下，仔细地瞧着它。当汉斯看到盒底处打印着一个日期是在2周之前时，他差点将口中的饼干给吐了出来。

王小刚的母亲看到汉斯尴尬的样子，马上意识到，汉斯有什么不对劲的地方，忙问道："汉斯，你怎么了？饼干不好吃吗？"

汉斯面对着王小刚的母亲不知如何开口。王小刚的父亲走过来，他拿起饼干盒，左看看，右瞧瞧，他想，问题一定出在饼干盒子上，他说："汉斯，你有什么问题，尽管对我们说，我们不会介意的。"

汉斯指着饼干盒底上的日期，说道："王叔叔，杨阿姨，你们看，这饼干都过了有效期2周了。"

王小刚的母亲从她先生手中抢过饼干盒，边看边说着："不会吧，我刚刚从商店里买回来的。"她指着饼干盒上写的日期说："这不还有半年的有效期嘛。"

汉斯紧接着问道："食品盒上标明的不是有效期吗？"

"不是的，上面标着的是生产日期。"

"那您怎么知道有效期是半年呢？"

"汉斯，你瞧，这上面写着保质期为半年。"

"哦。"汉斯这时才恍然大悟，是自己弄错了。他忙向王小刚的父母道歉："对不起，王叔叔，杨阿姨，我不认识中文，把这日期当作有效期了。"

"没关系，汉斯。"王小刚的母亲说道。

汉斯继续解释说："在德国，食品袋上只标明有效期，从不写生产日期。"

"原来如此啊,如果你不说的话,那可会引起大误会的。"王小刚的母亲终于放下心来。

王小刚的父亲连忙加了一句:"可不是吗!汉斯,你今后无论遇到什么事,尽管说出来,我们可以相互讨论,相互解释。这样不仅可以消除我们之间的误会,而且我们也可以从你那里了解到一些我们不知道的东西。"

"是呀,这可是一举两得,汉斯,你说对不对?"王小刚的母亲赞同地说道。

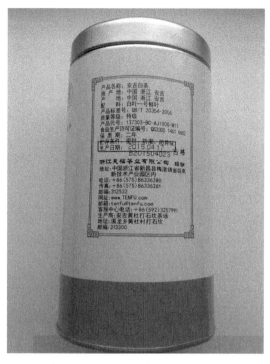

茶叶盒上标明的生产日期(陶翠屏 摄)

汉斯点了点头。现在大家坐在一起,笑着说着,他们开始瓜分这盒饼干了。

## 你叫什么名字？

今天是星期一，汉斯第一次去中国的学校上课。当王小刚领着汉斯走进教室时，同学们马上围了上来，大家你一句，我一句地向汉斯问了开来。

"你叫什么名字？"

"我叫Hans，中文是汉斯（hàn sī）。"

"姓什么？"

"Freud。"

"哦，你的全名是Hans Freud，对吗？"

"对的。你还没有告诉我，你叫什么名字。"

"我叫丁林。"

汉斯很自信地说道："你姓林，名丁。"

"你说得不对，我姓丁，名为林。"

"哦，按你这么说，姓在前，名在后喽。"

"你这次说对了。"

"哦，西方人是先说名后说姓的。没想到，中国人报姓名是先姓后名啊。"

"这姓名、姓名,是按中国人的说法。如果按西方人的说法,应该变成了名姓、名姓了嘛。"有人开玩笑地说。

同学们都哈哈大笑起来。

这是汉斯第一次与他的中国同学们接触,从如何向别人介绍自己的姓名当中,就反映出东西方之间的不同了。

下课后,汉斯在走廊上遇到与他同来的德国同学Robert。Robert在上海才待了几天,便开始想家了,不想待下去了。汉斯问Robert:"你为什么这么快就有这样的想法?"

"中国人与西方人之间的不同之处真是太多太多了,就连吃饭、买东西等最基本的生活上的小事,与我们都截然不同……"

Robert的抱怨还没有讲完,汉斯立即打断了Robert 的话:"Robert,你不要再抱怨了,我们到这里来,不就是为了了解东西方之间的不同点嘛!"

Robert没有想到,汉斯这样动情。汉斯接着说:"虽然这些不同点给我们带了不便,但也正因为它们,世界变得更加丰富,更加有趣了。"

"哦。"Robert对汉斯的看法感到格外意外。

汉斯继续解释道:"我以前有一位好朋友,他是中国人,与我同岁,我们在德国认识,刚开始我们俩连语言都不通,可我们两人无论有什么差异,都能玩得开心,喜欢在一起相互学习,现在我们算得上是铁杆朋友啰。"

"真的?"Robert睁大眼睛,盯着汉斯问道。

"那还有假,我打算中秋节到北京去看看他。所以,你要正面地看待东西方之间的不同点,说不定,你会像我一样改变态度和看法,也能找到一位铁杆的中国好朋友。"

"谢谢你,汉斯。我试一试看吧。"

上课铃响了,汉斯回到教室中,老师已经进来,但他没有察觉到,还想着Robert的事。是呀,他多么走运,这次又遇上像王小刚和他父母这样热心的交换生家庭。

某中学学校大门口(陶翠屏 摄)

## 什么是课间操?

下课铃响了,到了课间休息的时候。同学们纷纷地往教室外面走,汉斯感到格外奇怪,他还没有来得及问王小刚,王小刚便拽着他的手往外跑,同时还大声喊着:"汉斯,快走呀!马上就要做课间操了。"

"到什么地方去?做什么操?"汉斯提出一系列问题。

王小刚手指外面,说:"到那里去,全校的学生和老师都在那里做课间操。"

"什么是课间操?"

"汉斯,现在没有时间了,你跟着我走就是。"

汉斯无可奈何地跟着王小刚随着其他同学走到大操场。

这时,这里已聚集着许多同学和老师,他们按班级排成长队,每班两排,全校一千多人都站在操场上,前面站着王小刚他们班的班长。在最前面有一个小台子,上面也站着一个学生。广播开始响了,播出音乐:"……广播体操现在开始。一二三四五六七八,二二三四五六七八……"

全校师生按着广播中的口令,跟着领操台上面的同学一起做广播操。汉斯在德国从来没有见过这种场景，感到新鲜。尽管他从来没有做过，但他还是照葫芦画瓢，跟着同学们一起做广播操。

做完课间操，学生和老师都解散了，现在开始正式的休息时间。汉斯询问王小刚："这里做课间操是你们学校发明的吧？"

王小刚笑着答道："不是的。在中国每一所中小学都有。"

"哦。是中央政府规定的？"

"是的，是由国家教育部统一规定的。"

"这可是一个好的规定，它可以让学生和老师活动筋骨，换一换脑子。"

"你说得没错。"

"我现在还没有弄清楚你们上课的时间安排，你能不能给我解释一下。"

"当然可以，我们每天上午7：30 上课，11：30 放学，上午一共四节课，每节课45分钟，中间休息15分钟。"

"哦，那下午呢？"

"下午，我们一般有三节课，14：00 开始，16：45 结束，有时可能会多一节课。"

"下午也有课间操吗？"

"下午没有，课间操只是上午才有。"

"在中国，中小学生有没有只上半天学的？"

"没有，我们都是全天上课。"

"哦。"

"要不，这么多内容半天怎么能学得完。"

"是呀！"

某中学操场(陶翠屏 摄)

"另外，上了几个小时的课，我们的大脑都'饱和'了，怎么还能接受新东西呢？"

"小刚，你说得太对了。"

"在德国难道只上半天吗？"

"真被你猜中了①！所以，我们的学制要比你们这里多一年。"

"这么说，不是十二年学制，而是十三年学制。"

"可以说是，也可以说不是。"

"为什么？"

"以前都是十三年学制，后来进行了改革，有些学校改成G8，现在有些已经实行G8的学校又改回到G9。"

"什么是G8和G9？"

"G8和G9是德国的专用名称，G是德语高级中学'Gymnasium'的第一个字母，后面的数字8和9，是表示从上高级中学第一年（5年级）算起②，到高级中学毕业的年数。"

"现在我明白了，从5年级到13年级为G9，从5年级到12年级是G8。"

这两个中学生你一句我一句说开了，他们讨论得热火朝天。上课的铃声响了，他们俩人都没有听到。当老师进来时，他们才发现，要开始上课了。

---

① 德国现在已开始提倡全天上课。
② 在德国，小学4年级之后可以上高级中学。德国教育系统的相关内容见陶翠屏编著的《联邦德国教育概况》（中国地质大学出版社，1993年）。

## 谁是中国的第一位皇帝？

今天，汉斯与王小刚刚到学校，还没有进教室，他们就听到有几个同学在窃窃私语。汉斯好奇地问王小刚："小刚，他们在讨论什么呀？"

王小刚漫不经心地答道："没什么，他们在议论昨晚的电视剧《秦始皇》。"

"秦始皇是谁？"

"汉斯，你不知道，谁是中国第一位皇帝吗？"

"我还真不太清楚。"

"秦始皇（公元前259年—公元前210年）就是中国的第一位皇帝。他是中国历史上一位富有传奇色彩的人物。"

"什么意思呢？"

"秦始皇13岁继承王位，22岁时，开始'亲理朝政'，用10年时间，先后灭韩、赵、魏、楚、燕、齐六国，统一天下，39岁称帝。"

"他还做了些什么？"

"秦始皇统一中国之后，实行了一系列的改革。"

"都有哪些改革？"

"那可多了。"

"你选几个最重要的说说。"

"我想,主要有三个方面吧。"

"哪三个方面?"

"第一,在政治上,建立了一整套中央集权制度和政权机构。"

"那在地方上呢?"

"地方上废除分封制,实行郡县制。"

"第二呢?"

"在军事上,开疆拓土,南征百越,北击匈奴,修筑长城。"

"哦,那么在经济上呢?"

"这就是第三个方面,统一度量衡,统一货币,统一文字。"

"货币,文字,我知道,什么是度量衡呢?"

"'度'指的是计量长短的器具,'量'为测定计算容积的器皿,'衡'是测量物体轻重的工具。"

"我明白了。"

"另外,还有车同轨、书同文、行同伦等,制定了一套严格的管理制度。"

"秦始皇真是一位了不起的人物啊!"

"后来有人称他为'千古一帝'。"

"为什么称他为'千古一帝'呢?"

"因为秦始皇建立和推行的这一系列的制度、机构、管理办法,奠定了中国两千多年政治制度的基本格局。"

汉斯开口还想问什么,上课铃响了,王小刚说:"汉斯,赶快走吧,老师快来了。"

汉斯与王小刚快步走进了教室。

# 为什么大学生还要军训？

王小刚的家在上海北部的一个小区中。在这个小区内，有好几栋二十几层楼的房子。王小刚的家住在二十二层。站在阳台上，往东看，瞧见东方大厦；往西看，望着大大小小的公园；往前看，高高耸立的大楼；再往下看，成群结队的人们在马路上穿梭，像蚂蚁一样，忙碌不停。到了晚上，万家灯火，霓虹灯下，别有一番景色。

这天早上汉斯在阳台上看风景，突然一阵阵歌声飘过来，吹到他的耳边。汉斯的头不知不觉地往歌声方向转过去，他往那个方向一看，是一群军人坐在操场上，他们正在那里唱歌。

"小刚，小刚，你快来呀！"汉斯对着屋里大声喊道。

王小刚正在房间做作业，听到汉斯的喊声，连忙放下手中的笔，匆匆忙忙地走到阳台："汉斯，你一惊一乍地喊什么呀！"

"小刚，你看，那里有好多军人在唱歌。"汉斯用手指给王小刚看。

王小刚顺着汉斯的手一看，便说："这哪是什么军人，他们是大学生。"

"什么？大学生？他们为什么都穿着一样的军服呢？"

"他们穿的不是军服。"

"你怎么知道他们穿的不是军服呢?"

"他们穿的服装的确像军服,但不是军服,你若不信,我们一起去那里看一看。"

"好主意!"

说完,汉斯和王小刚立即行动,朝着歌声的方向奔跑而去。当他们跑近唱歌的人群时,他们看见,在大操场上有一大帮年轻人,有的在唱歌,有的在走队列,有的在休息。汉斯走近仔细观察着他们所穿的服装,乍一看,他们好像穿着军装,但仔细一瞧,其实不然,这不是真正的军装,正如王小刚所说的那样,他们是大学生。只有站在他们前面发口令的人,是真正的军

在操场上军训的大学生们(陶翠屏 摄)

人，他的服装与其他人有明显不同，上面有肩章。

"汉斯，怎么样，你认输了吧！"王小刚得意地说。

"就算你赢了。不过，我不明白，大学生为什么要搞这个？"

"这叫军训。"

"哦，为什么大学生还要军训？"

"我想，学校希望大学生通过军训，对国防和军事有所了解，同时，还可以让他们收心吧。"

"在德国，以前有服兵役，现在是职业军人，从来没有听说大学生要军训的。"

"从一名中学生变成一名大学生，是一个质的变化。他们不能像以前那样散漫了，要把心思投入到大学的学习之中。"

"你说的有一定的道理。"

"不光大学生要搞军训，我们中学生也一样。"

"哦。我们中学生也该收心啦。"

"这里有个大操场，我们也可以到这里来锻炼身体。"

"好哇！小刚，那我们比赛跑步，看谁能赢。"

王小刚和汉斯两人开始跑步比赛了。

## 如何过马路?

汉斯到上海有几天了,想自己去超市买东西。他到处找超市,终于发现马路对面有一家超市。站在路边,汽车来来往往,没法过马路。正巧,前面就是斑马线,汉斯想,正好可以从斑马线走到街的对面去。可让他奇怪的是,没有一辆汽车在斑马线前停下来,一辆接着一辆开过斑马线,汽车的喇叭声一声高过一声,行人吓得老老实实地在马路边等待着,看什么时候有空当儿,抓住穿过马路的好时机。汉斯在德国习惯了过马路时行人优先于汽车,他不假思索地就想闯过去,正想迈步,发现有人拽住他的衣服,听到那人喊着:"小伙子,你不要命了吗?"

汉斯回头一看,是一位老人,他居然会说英语。汉斯便和这位老人交谈起来:"老大爷,这是斑马线,行人优先,汽车必须在斑马线前停下来,等行人过了斑马线后,才能开过去的。"

"小伙子,你是哪国人?"

"我是德国人。"

"刚来中国吧?"

香港的街道（陶翠屏　摄）

"是的，您能看出来啊？"汉斯打量着这位老人。

"上海的汽车太多，过马路要当心呀！"

"老大爷，这就奇怪了，在斑马线上，行人应当优先于汽车呀。"

"小伙子，你说得不完全对。"

"为什么？"

"行人在斑马线上时，也要看一看是否有汽车行驶。"

"为什么汽车司机不让行人过，那不是失去了斑马线的作用吗？"

"这个问题我可答不上了，因为我没有驾照。不过，按交通法规，斑马线是提醒行人可以从这里过，机动车应当让行人先过去。"

"这要是在德国,轻则罚款,重则要扣分的。"

"看来你们国家对交通安全很重视。"

"这样可以减少交通事故。"

"你说得对。其实国家已经加强机动车礼让行人的执行力度了,可能广大司机朋友还需要适应一段时间。我们要向你们国家学习啊。"

他们与其他行人一样,等了好一阵子,终于看到一辆汽车后面有一个空当儿:"小伙子,现在我们赶快走过去,否则,我们还要再等下去了。"

老人话音未落,汉斯一口气跑过斑马线,终于到了街对面。回头一看,那位老大爷还在斑马线中段走着,他便不顾一切,转身把那位老大爷扶过马路。那位老大爷感激不尽地说:"小伙子,谢谢你!"

"不用谢,老大爷。"

"小伙子,你以后过马路一定要小心,无论有没有斑马线,都是如此。"

"老大爷,我明白了,谢谢您的提醒。"

汉斯回到王小刚的家,把他刚才过马路的事讲给王小刚一家人。他们听完后,王小刚的妈妈着急地对汉斯说:"汉斯,你看,多危险啊!很多城市都在严格执行'车让人',但还是有些司机不太注意。你自己也要当心呀。"

从此以后,汉斯牢记那位老大爷的话,过马路,无论有没有斑马线,他都先看车,然后过马路。中国的汽车真是太多了,过马路最好从有红绿灯的地方过,这是最安全,最保险的。不过,还是希望下次再来中国的时候,过马路不用这么小心了。

## 为什么用这么大的嗓门说话？

汉斯到上海有几天了，他发现上海不仅人多，房子高，马路挤，而且喧哗。

在上海，汉斯有个德国老乡，他叫Tim，是复旦大学中文系的学生，来中国已经快一年了。今天，他们约在市区一家咖啡馆碰头，边喝咖啡边聊天。当他们谈到中国人平时说话的音量时，Tim给汉斯讲了一个笑话。

Tim刚到上海第二天，他的中国同学带他去学生食堂吃饭。他一进食堂，就听到里面闹哄哄的。开始他还以为这是菜市场，他问他的中国同学："我们不是去食堂吗，你怎么把我带到菜市场来了？"

他的一位中国同学笑着说："这就是学生食堂，你看那里，学生们正在排队买饭呢。"

另一位中国同学问："Tim，你怎么会有这样的感觉呢？"

Tim不好意思地解释道："我听到这么吵的声音，就感觉在菜市场一样。"

"哦，原来是这么回事。你习惯了在德国人少又安静的环境吧。"

Tim接着对汉斯说:"还有一次,我听见同学之间大声喊叫,我以为他们在吵架,忙上前去劝架。我说,'我们都是同学,有什么不可以慢慢地解释。'"

"你的同学有什么反应?"

"他们顿时鸦雀无声,不一会,他们又哈哈大笑起来。"

"他们笑什么?"汉斯好奇追问下去。

Tim慢慢地继续描述道:"一个问,'Tim,你在说什么呢?'另一个说,'吵什么架?我们没有呀!'"

在杭州一家茶馆聊天(陶翠屏 摄)

"还有一个说，'Tim，你怎么总往坏的方向想呢？'我的同学七嘴八舌，一个接一个的问题，弄得我不知怎样开口。"

"后来呢？"

"后来我问我的同学：'你们刚才不是在吵架吗？'同学们个个摇头，齐口同声答道：'没有哇！'"

"那他们为什么用这么大的嗓门说话呢？"

"我也向他们提了同样的问题。"

"你的同学是怎么回答的呢？"

"他们告诉我说，'我们没有用大嗓门说话呀！'"

"噢。"

"我又问了下去，'没有？难道这是你们正常说话的声音？'"

"你的同学如何解释呢？"

"他们说，'是呀！'"

这时，大家一下子明白了Tim的误会。

有人问Tim："在德国，人们之间说话声音小吗？"

Tim解释说："是的。我们没有你们说话声音大。"

"难怪你有这样的感觉，这完全是误会。"

通过这两件事，Tim才知道，中国人说话声音大，这是环境和习惯所致，并无恶意。

汉斯听完Tim讲的事情之后，也有同感，特别在吃饭时，又喝酒，又吃菜，又说话，那真是一声高过一声。这是很多中国人的习惯。他赞同Tim的看法，要学会慢慢地去理解它，适应它。

## 人民币的单位是什么？

汉斯在来中国之前，不知道在中国使用什么样的货币，虽然他的父母给了他一些中国货币，但他还是知之甚少。现在到了上海，他想，他必须对中国货币有所了解，否则，他怎么买东西呢。

汉斯想去商店买东西，他从德国带来的钱，已经用完了。上一次买东西，还是王小刚的母亲替他付的钱，所以，今天他打算去银行，取一些钱出来。汉斯问王小刚："小刚，你能告诉我，中国货币的一些知识吗？"

"在中国使用的货币叫人民币。就像在美国用美元，在欧洲用欧元一样。"

"这我知道。比如，欧元有它的单位，欧元（€）、欧分（Cent）。1欧元是100欧分。那人民币呢？"

"人民币也一样，它的单位是元（¥）、角、分。不过，"分"在生活中已经基本不用了。"

"人民币比欧元多一层。那它们之间是如何换算呢？"

"人民币的10分为1角，10角为1元。"

汉斯手拿着一张10元钱看了一会,说:"为什么钱上写着'圆',而商店里的货物牌子上标着'元'呢?"

"'圆'是货币单位,但在平时用时,可以用'元'字,或者用'块'字来代替,它们的意思都是一样的。"

"今天,我想去银行取钱,你能陪我一起去吗?"

"当然可以,今天下午放学之后,我们一起去。"

"好的。不过我们放学都快下午5点了,银行还开门吗?"

"上海的银行到下午6点钟才关门,和商店一样,周末也开门的。"

"你们这里的商店和银行营业时间比欧洲长,它们真为顾客着想呀!"

"平时谁有时间去那里。对于上班和有工作的人来说,只有下班和周末的时候,才有机会去商店买东西,到银行去办事。"

不同版的人民币纸币和硬币(陶翠屏 摄)

"如果银行关门了,那怎么取钱呢?"

"银行有自动取款机。"

"我不认识中文,那可怎么办?"

"自动取款机有语言选择,我想,英文总是会有的。"

"那我就放心了,今天下午我肯定会取到钱的。"

下午刚放学之后,汉斯和王小刚直接去中国银行取钱。汉斯独自一人走进自动取款机的小房间,很快地取出了钱,他对王小刚说:"小刚,我差点忘了,上次你妈妈给我垫的钱,现在可以还给你啦。"

"那你最好还给我妈妈吧。"

"那也好。"

"你现在钱也取了,我们该回家啦。"

他们俩兴高采烈地走在回家的路上。汉斯心里还在想,什么时候可以去买东西呢。

## 中国有多少种方言？

通常汉斯与王小刚一起出门，可今天他偏要独自一人出门，不就是在家门口买一个本子吗，他心想，自己已经学了几句中文日常用语，应该够用。

离王小刚家不远处有一家小杂货店，汉斯走进杂货店，找到了他想要买的本子，走到老板娘那里付钱，老板娘正低着头，看报纸。

汉斯对老板娘打了一声招呼："您好！"

老板娘这时抬起头一看，站在她面前的是一个蓝眼睛、金头发、高个子的外国孩子，顺口便问："你好！你是哪国人？"

汉斯开心得不得了，这老板娘居然听懂了他说的中文，连忙接着回答道："我是德国人。您是哪里人？"

老板娘大声答道："ngu zy zaon he nyin。"①

这一下子把汉斯搞蒙了，他又问了一句："您刚才说的是什么？"

老板娘又重复了好几遍，但汉斯还是没有听懂，他勉强地点了点头，含含糊糊地说："哦。"

---

① 上海话是一种吴语方言，此处用吴语拼音标注。

汉斯付了钱,拿着本子,匆匆忙忙地往回走。在回家的路上,他不断重复那位老板娘说的话。

回到王小刚的家,汉斯迫不及待地问王小刚:"小刚,你说这句话是什么意思?"

听了汉斯没头没脑的话,王小刚忙问汉斯:"哪句话?"

汉斯尽量学着老板娘的音调又说了一遍,但是听起来可真奇怪。

王小刚听完后,捧腹大笑,笑得他都喘不过气来。汉斯感到莫名奇妙,不知王小刚笑什么,他连忙问:"小刚,你快说呀,到底是什么意思?"

"她说的是上海话。"

"什么?上海话?"

"是呀,就是上海这一带人说的地方话。"

"哦,这话说的是什么意思呢?"

上海夜景(陶翠屏 摄)

"把它翻译成普通话是：wǒ shì shànghǎi rén。"

"我知道了，老板娘说，她是上海人。"

"完全正确。汉斯，你学上海话，学得不错！"

"小刚，你别笑话我了，正因为我没有听懂，那老板娘还重复了好几遍。"

汉斯沉思了一会，一本正经地问王小刚："中国到底有多少种方言？"

"汉斯，你可问住我了。"

"小刚，你可是我的活字典，怎么连你都不知道中国有多少种方言呢？"

"你知道，中国有34个省、自治区、直辖市和特别行政区，共有56个民族。"

"噢，这么多啊！"

"是呀，每一个省都有不同的方言。就拿一个省来说，一个地方与另一个地方的方言又不同。"

"哦。"

"中国有一句俗话，'十里不同音，百里不同俗。' 我真不知道具体数字，很难回答你的问题。"

"那普通话主要指什么地方的话呢？"

"我只能这样说，以拼音拼出来的音作为标准，就是普通话。"

"哪些地方的人说得比较标准些？"

"在中国，一般来说，北方人说话比较接近普通话，越往南走，方言越重，越不容易懂。"

"哦。小刚，你会说上海话吗？"

"我只会说那么一点，但我能听得懂。"

"你为什么不学上海话呢？"

"我父母反对。"

"为什么？"

"他们怕我说不好普通话。"

"我很理解你父母亲。"

"我想，我能说几句，也就够了。说普通话，比较容易与人交流。"

"比如，与我这个小老外。"

他们俩哈哈大笑起来，汉斯这句话说到点子上了。

西藏拉萨布达拉宫（陶翠微 摄）

## 中国省市自治区、直辖市、特别行政区简称以及省会一览表

| 中国省份（汉语拼音） | 省份简称（汉语拼音） | 省会城市（汉语拼音） |
| --- | --- | --- |
| 北京市（běi jīng shì） | 京（jīng） | |
| 天津市（tiān jīn shì） | 津（jīn） | |
| 上海市（shàng hǎi shì） | 沪/申（hù/shēn） | |
| 重庆市（chóng qìng shì） | 渝（yú） | |
| 河北省（hé běi shěng） | 冀（jì） | 石家庄（shí jiā zhuāng） |
| 山西省（shān xī shěng） | 晋（jìn） | 太原（tài yuán） |
| 辽宁省（liáo níng shěng） | 辽（liáo） | 沈阳（shěn yáng） |
| 吉林省（jí lín shěng） | 吉（jí） | 长春（cháng chūn） |
| 黑龙江省（hēi lóng jiāng shěng） | 黑（hēi） | 哈尔滨（hā ěr bīn） |
| 江苏省（jiāng sū shěng） | 苏（sū） | 南京（nán jīng） |
| 浙江省（zhè jiāng shěng） | 浙（zhè） | 杭州（háng zhōu） |
| 安徽省（ān huī shěng） | 皖（wǎn） | 合肥（hé féi） |
| 福建省（fú jiàn shěng） | 闽（mǐn） | 福州（fú zhōu） |
| 江西省（jiāng xī shěng） | 赣（gàn） | 南昌（nán chāng） |
| 山东省（shān dōng shěng） | 鲁（lǔ） | 济南（jǐ nán） |
| 河南省（hé nán shěng） | 豫（yù） | 郑州（zhèng zhōu） |
| 湖北省（hú běi shěng） | 鄂（è） | 武汉（wǔ hàn） |
| 湖南省（hú nán shěng） | 湘（xiāng） | 长沙（cháng shā） |
| 广东省（guǎng dōng shěng） | 粤（yuè） | 广州（guǎng zhōu） |
| 海南省（hǎi nán shěng） | 琼（qióng） | 海口（hǎi kǒu） |
| 四川省（sì chuān shěng） | 川（chuān） | 成都（chéng dū） |
| 贵州省（guì zhōu shěng） | 黔/贵（qián/guì） | 贵阳（guì yáng） |
| 云南省（yún nán shěng） | 滇/云（diān/yún） | 昆明（kūn míng） |
| 陕西省（shǎn xī shěng） | 陕/秦（shǎn/qín） | 西安（xī ān） |
| 甘肃省（gān sù shěng） | 甘/陇（gān/lǒng） | 兰州（lán zhōu） |
| 青海省（qīng hǎi shěng） | 青（qīng） | 西宁（xī níng） |
| 台湾省（tái wān shěng） | 台（tái） | 台北（tái běi） |
| 内蒙古自治区（nèi měng gǔ zì zhì qū） | 蒙（měng） | 呼和浩特（hū hé hào tè） |
| 广西壮族自治区（guǎng xī zhuàng zú zì zhì qū） | 桂（guì） | 南宁（nán níng） |
| 西藏自治区（xī zàng zì zhì qū） | 藏（zàng） | 拉萨（lā sà） |
| 宁夏回族自治区（níng xià huí zú zì zhì qū） | 宁（níng） | 银川（yín chuān） |
| 新疆维吾尔自治区（xīn jiāng wéi wú ěr zì zhì qū） | 新（xīn） | 乌鲁木齐（wū lǔ mù qí） |
| 香港特别行政区（xiāng gǎng tè bié xíng zhèng qū） | 港（gǎng） | — |
| 澳门特别行政区（ào mén tè bié xíng zhèng qū） | 澳（ào） | — |

## 筷子能代替刀叉吗?

西方人来到中国,在饮食方面要过的第一关——用筷子,筷子是中国人吃饭时使用的主要餐具。

王小刚的父母知道西方人吃饭用刀叉,在汉斯没来他们家之前,他们特地从商店买来了刀叉。汉斯到来之后,每当吃饭时,王小刚的母亲总为汉斯准备好刀叉。汉斯看见王小刚一家都用筷子,只有他一人用刀叉,他感到自己太特殊,主动向王小刚的母亲要求道:"杨阿姨,您能不能给我一双筷子?"

王小刚的母亲惊奇地望着汉斯,答道:"当然可以。"她起身,到厨房拿筷子。

汉斯接过王小刚的母亲递给他的筷子。他看着王小刚一家三口那么自如地使用筷子,瞧着这么简单,当他自己用筷子时,怎么也夹不起菜和米饭来,好不容易夹住了一次,结果还没有到嘴边,又掉了下去。王小刚笑了起来。王小刚的母亲劝汉斯道:"汉斯,别再练了,你要饿肚子的。"

王小刚的父亲说:"汉斯,学用筷子得慢慢来,不是一下子的事。"

中西方餐具(陶翠屏 摄)

  王小刚的母亲接着说:"是呀,今天先用刀叉,要不饭菜都要凉了,那就不好吃了。"

  汉斯肚子正咕咕叫,饿得厉害:"好吧,吃完饭,我再练。"

  吃完饭后,汉斯从王小刚的母亲那里要了一双筷子,到自己的房间里去了。不一会,他叫王小刚:"小刚,你来看呀,看我夹得对不对?"

  王小刚来到汉斯身边,说:"汉斯,我先给你做个示范,然后,你自己再练。"

  王小刚将一双筷子夹到大拇指和食指之间,筷子落在中指上,用大拇指和食指操作一双筷子的运动。汉斯看完王小刚的示范之后,马上说:"小刚，我明白了，这用筷子还得用巧办法。"

"汉斯，你再试一试吧。"说完，王小刚离开了汉斯的房间。

汉斯按王小刚教他的办法，试着试着，忽然喊了起来："小刚，快来看呀，我夹着了，夹着了！"

汉斯的喊声引来了王小刚一家三口，他们看到汉斯用筷子夹住了一颗花生米，随着汉斯那喜悦的心情，他们都笑了起来，王小刚的母亲表扬汉斯说："汉斯，不错。"

"杨阿姨，我明天可以用筷子吃饭了吧。"

"这没有问题，一切由你自己决定。"

汉斯脸上的笑容和兴奋，也给王小刚一家带来了欢乐。

晚上，汉斯睡不着觉，老是有一个问题在他的脑海里晃来晃去——中国人的筷子能代替西方人的刀叉吗？他想，西方人用的刀叉均由金属材料制成，成本高，制作工序多，而中国人用的筷子制作多么简单，用木头或者竹子便可做成。用一双筷子可以夹菜吃饭，代替了西方人的刀叉，真不可思议。当然，这也与中餐与西餐的加工方式不同有关。最后，他得出了一个结论，许多事，不一定越复杂越好，正相反，而是越简单越好。

汉斯躺在床上，望着窗外天上的星星，看着看着，慢慢地闭上眼睛睡着了。

## 中国人的主食有哪些？

自从汉斯到了王小刚的家，他发现王小刚一家以米饭为主食，汉斯在德国吃惯了土豆，现在天天吃米饭，感到不习惯。有一天，王小刚的母亲问汉斯："汉斯，你想吃什么呀？"汉斯没有作声，王小刚的母亲又说："你不要客气，我们不知道你在家爱吃什么，所以，你想吃什么，就要告诉我们。"

"杨阿姨，你们这里的主食是米饭吧。"

"是的。"

王小刚的母亲听出汉斯话中有话，便问道："汉斯，你能告诉我，德国人的主食是什么吗？"

"德国人最爱吃土豆。"汉斯顺口说道。

"土豆？"

王小刚的父亲说："土豆当主食，这的确与中国人的饮食习惯有很大的区别呀！"

"我知道，中国人喜欢吃米饭。"汉斯很自信地说。

"汉斯，你只说对了一半。中国领土这么大，东西跨经度60°以上，南北跨纬度近50°，地域辽阔，不可能只有一种主食呀。"

"王叔叔，您能告诉我，那另外的主食是什么吗？"

"在中国，除了米饭为主食以外，还有面食。"

"这面食就是指面条吧。"

"面食包括许多种，面条只是当中的一种，还有包子、馒头、饺子、面饼等等。一句话，只要是用面做出的食品，都可称为面食。"

"我明白了。"

"汉斯，你知道，为什么在上海人们是以大米为主食吗？"

汉斯回答道："不知道。"

"上海以及附近的区域，是以生产大米为主。"

"什么地方以面食为主食呢？"

"当然是以生产麦子为主的地方。"

"什么地方产大米？什么地方产麦子呢？"

"中国的南方产大米，中国的北方产麦子。"

"那么，如何划分中国的南北方呢？"

"汉斯，你这个问题提得好。有的人说以黄河为界，有的人说以长江为准，这是一个有争议的问题。"

"怎么会有不同划分法呢？"

"这或多或少夹着个人的感情。不过，有一点是肯定的，长江以南以大米为主食，因为这里有水，主要种水稻。黄河以北产大、小麦，那里以面食为主食。不过，我听说，秦岭—淮河一线就是中国在地理上的南北分界线。"

"是这么回事。就拿德国来说，在那里，地理位置和环境适合种土豆，

南方的水稻田（陶翠屏　摄）

北方的麦田（陶翠微　摄）

所以，人们以土豆为主食。"

"在黄河与长江之间的地域，有的地方产大米，有的地方种麦子，这一带是一个混合区域，所以很难笼统地下定义。"

"哦。"

"我举个例子，四川省一大部分以种水稻为主，而位于这一区域的河南省北部以种麦子为主。"

"有意思。"

"中国有句俗语：'一方水土养一方人。'我认为，这话说到点子上了。"

"这句俗语讲的是什么意思呢？"

"无论什么地方，那里的自然环境和条件决定了那里种什么植物和树木，也就确定了那里的人们以什么为主食。"

"您讲得太对了。"

王小刚的母亲询问汉斯："汉斯，你想吃土豆吗？"

"想。"汉斯毫不犹豫地答道。

"今天我去菜市场买一些回来。"

"好哇！"汉斯几乎喊起来了。

"在中国，土豆一般是不当主食的。"王小刚的母亲向汉斯解释说。

"那拿它当什么？"

"中国人把土豆当蔬菜吃。"

"哦，杨阿姨，您想怎么做，就怎么做。"

"那好，我先去买菜了。"

王小刚这时喊道："妈妈，我和汉斯也想去。"

"汉斯，你真想去吗？"

"是的,杨阿姨,我还不知道上海的菜市场是个什么样子呢。"

"那好吧,现在我们就一起去。"

王小刚的母亲领着汉斯和王小刚走出家门。汉斯觉得刚才与王小刚一家人的谈话很有意思,不仅让他明白了中国人的主食有哪些,而且还让他知道怎样区分中国的南方和北方。

## 省名与山川河流有关吗？

这几天汉斯兴奋得睡不着觉，因为马丁一家已向他发出了邀请，让他中秋节放假期间到北京去。今天他在家打开中国地图，想查一查从上海到北京有多远，要经过哪些地方。这时，王小刚与他的好朋友正好做完了作业，也走过来凑热闹。他们看见汉斯在查地图，便问汉斯："汉斯，你知道中国有多大吗？""中国有多少个省和直辖市吗？"

汉斯笑着回答道："这太简单了！"

"你能回答这些问题吗？"

"按面积计算，中国是世界上第三大国；按人口计算，目前中国是第一大国。"

"小刚，你看，汉斯回答的头头是道。"王小刚的好朋友说。

"嗯。"

王小刚的好朋友追着问："你还知道什么？"

"中国有23个省，5个自治区，4个直辖市，还有2个特别行政区。"汉斯得意地说道。

"嘿，汉斯对中国还真知道不少哇！"王小刚赞扬汉斯道。

可王小刚的好朋友不服气，非要难为一下这个小老外①，他又问汉斯："你知道省名与山川河流的关系吗？"

汉斯摇了摇头，这一下王小刚的好朋友更来劲了，又追问了一句："河南省与河北省的分界限是什么？"

"喂，你不要难为汉斯了，谁能万事通呀。"王小刚为汉斯打抱不平，他忙用手指着地图说："汉斯，你从这地图上，便能找到答案。"

汉斯仔细地看着地图，王小刚的朋友迫不及待地将答案告诉汉斯："其实很简单，你看，河北，河南，它们之间隔着一条河，一个在河的北面，一个在河的南面……"王小刚的朋友正想往下说，汉斯立即打住了他的话，说："你说是以一条河为界。"汉斯看了看地图，马上说道："我知道了，这条河是黄河。"

"对了。"

"在中国还有以山为界的吗？"汉斯对这话题感兴趣了，自己开始提问。

"当然有啊，既然有以河为界的，必定会有以山为界的。"

"你举个例子吧。"

"你听说过山东省和山西省吗？"

"好像听说过，这么说，一个在大山的东边，另一个在大山的西边。"

"你猜一猜，它是哪座山？"

汉斯查看了地图，一下子恍然大悟，他手指着地图说："这座山是太行山。"

王小刚看见汉斯认真和感兴趣的样子，也问汉斯道："湖南、湖

---

① "老外"是中国人对外国人的称呼，"小老外"是指外国小孩。

河南省新乡市辉县郭亮挂壁公路（陶翠微 摄）

北呢？"

汉斯回答道："我想，一定是以湖为界。"

"大方向猜的是对的。"

汉斯又低头查看了地图，思考了一会，说："洞庭湖是湖北省和湖南省的分界线。"

"瞧，汉斯快要成为'中国通'了。"

"可不是。"

"中国这么大，人又这么多，你说，这里有多少值得我去探索和学习的地方呀！"

# 一年有多少天为法定节假日？

还有几天就要迎来中国传统节日——中秋节。顾名思义，中秋节处于秋季时令的中期，它的具体时间不是按公历计算，而是按照中国的农历。

说到节日，除了中秋节外，汉斯只知道春节。他问王小刚："小刚，中国有多少个节日？"

"这倒是一个难题，我还回答不上来。"

"为什么？"

"这是因为中国有56个民族，每一个民族都有自己的节日，每一个民族也有自己的习俗。"

"哦，那好吧，我换一种问法，中国一年有多少天为法定节假日？"

"这个问题我可以回答。"

"有多少天？"

"我想，一共有十几天吧。按一年的时间顺序来说，

元旦：公历1月1日；

春节：农历除夕，正月初一，正月初二；

清明节：农历节气，清明当日；

劳动节：公历5月1日；

端午节：农历五月初五；

中秋节：农历八月十五；

国庆节：公历10月1日至3日。"

"那为什么这次国庆节有7天假呢？"

"是这样的，国庆节规定放的3天假是不包含周末的。"

"这是什么意思？"

"如果国庆节3天假正好在周末，这个周末不算，在国庆节3天假期上，再加上周末2天，这不就是有5天假了。政府为了让大家放长假，往往就把国庆节前后两个周末加起来，这就有了7天长假了。"

"原来是这么一回事。有了7天假，倒是可以去比较远的地方旅游。"

"是呀！这正是促进旅游的办法之一。"

王小刚突然想到一个问题，他马上问汉斯："汉斯，在德国，法定节假日是怎样安排的呢？"

"正好与中国相反。在我们那里，除10月3日德国统一日外，法定节假日不属于联邦政府管辖范围，而是由各个州确定的。"

"哦，怎么个相反法？"

"比如说，圣诞节两天假正好落在周末两天，就不会另外补上这两天。"

"有意思。"

"不过，在德国，每个全职工作人员每年有30天带薪休假日。"

"哇，这可真不少呀！"

"在中国，全职工作人员有多少天休假日呢？"

"根据工龄的不同，休假的天数有所不同，有5～20天吧。"

春节吃饺子（陶翠屏 摄）

元宵节吃汤圆（陶翠微 摄）

端午节吃粽子（陶翠微 摄）

中秋节吃月饼（陶翠屏 摄）

"难怪在中国要补上周末时间,这是应该的。要不然,我现在怎么会有时间去北京拜访我的好朋友马丁一。"

他们俩哈哈大笑起来。

突然,汉斯提出一个问题:"小刚,中国的节日与月亮有关吗?"

"那当然喽!"

"为什么呢?"

"因为中国的传统节日都是按农历来计算的。"

"这么说,农历也是中国人使用的日历之一,对吗?"

"对呀!你不知道农历,就不知道什么时候过春节,什么时候划龙船,什么时候吃月饼。"

"中国人使用几种日历?"

"在中国,主要使用两种日历。一个就是你们西方使用的公历,也称阳历;另一个是中国的农历,俗称阴历。"

"这两个日历有什么区别呢?"

"阳历和阴历区别可大了。简单地说,阳历是根据太阳公转的运动周期计算的,阴历的计算依据则是月球的运动规律。两者计算一年的时间差距,用闰月进行调整。严格地说,中国的农历实质上是阴阳历。"

"农历一年也是12个月吗?"

"农历与公历一样,一年一般为12个月,称为'平年',公历每4年有一个闰年,即二月份会多一天。农历也有一个闰年,但不是多加一天,而是多加1个月,这个月叫闰月,因此,在农历闰年中,13个月为一年。"

"哦,真有意思。那么多少年会有一个闰年呢?"

"汉斯,这个问题我还真答不上来。"

"小刚,没关系,我知道,这不是一个简单问题,它属于天文学的范畴。"

"据说，中国古代天文学家祖冲之（429—500）发现，如果在19年中插入7个闰月，就和19个回归年几乎相等。"

"小刚，你知道的东西真不少！快要成为一个天文学家了。"

"这我可不敢当。我对天文地理感兴趣，主要是受我父亲的影响，他是天文爱好者。"

他们俩说着说着，走到阳台上，看着这时的月亮，真是又大又圆又亮啊！

## 二十四节气指的是什么？

第二天，在汉斯和王小刚从学校回家的路上，王小刚突然想起一件事，他对汉斯说："昨天，我跟你谈过中国的传统节日，但我忘记了一个节日的特殊性。"

汉斯马上追问道："哪一个节日？"

"清明节，它不是按农历的哪一天来确定的，而是来自于二十四节气中的一个节气——清明。"

"二十四节气指的是什么？它们有什么用呢？"汉斯忙问道。

"我们祖先根据太阳在一年中运行的位置，与天文、气候、农作物耕种时间相结合，制定了二十四个点，就是二十四节气。它不仅在农业生产方面起着指导作用，同时还影响着古人的衣食住行，甚至是文化观念。"

"你能说一说它们的名字吗？"

王小刚拿出纸和笔写出了二十四节气中的十二节和十二气（中气）：

| 月份（地支） | 十二节 | 十二气 |
| --- | --- | --- |
| 正月（寅） | 立春 | 雨水 |
| 二月（卯） | 惊蛰 | 春分 |
| 三月（辰） | 清明 | 谷雨 |
| 四月（巳） | 立夏 | 小满 |
| 五月（午） | 芒种 | 夏至 |
| 六月（未） | 小暑 | 大暑 |
| 七月（申） | 立秋 | 处暑 |
| 八月（酉） | 白露 | 秋分 |
| 九月（戌） | 寒露 | 霜降 |
| 十月（亥） | 立冬 | 小雪 |
| 十一月（子） | 大雪 | 冬至 |
| 十二月（丑） | 小寒 | 大寒 |

汉斯两眼看着王小刚手上的这张纸，似乎还没有明白二十四节气。他继续问下去："小刚，你能举几个节气与季节有关的例子吗？"

王小刚不厌其烦地解释道："比如说，二十四节气中的'春分''秋分'是昼夜平分之时；'夏至'指白天最长，夜晚最短的那一天；'冬至'与'夏至'正好相反，它是白天最短，夜晚最长的那一天。"

"在西方使用的公历中，'春分''秋分'分别是春天和秋天的开始，'夏至'指夏天的到来之日，'冬至'则表示冬天的来临之时。"汉斯说道。

"汉斯，你说得很好呀！另外，还有一个节气——芒种。"

"芒种？是指忙着种地吗？"

"不是的。'芒种'的'芒'是指稻、麦之类有芒刺的谷物，你说的'忙种'的'忙'意为事情多，没空闲。'芒'与'忙'同音，不同字。"

"哦。"

"节气'芒种',指的是'有芒的麦子快收,有芒的稻子可种'。它的谐音是你所指的'忙种'。"

"这节气有什么特点?"

"正如你说的那样,节气'芒种'一到,对于中国大部分地区来说,夏熟作物要收割,夏播秋收作物要下地。也就是说,要收麦子,要插水稻秧苗。农民忙着种地。一句话,芒种到,农田忙。"

"这二十四节气可是不好记啊。"

"没关系,节气歌可以帮助你记住:

春雨惊春清谷天,夏满芒夏暑相连。
秋处露秋寒霜降,冬雪雪冬小大寒。
每月两节日期定,最多不差一二天。
上半年是六二一,下半年来八二三。"

"这首节气歌说了些什么?"

"前两句列举了二十四节气,后两句说的是节气出现的时间。"

"这二十四节气有固定的时间吗?"

"不完全固定,每个月会出现两个节气,上半年在公历6日和21日,下半年在公历8日和23日,前后相差不会超过1~2天。"

"这是中国人的一项发明呀。"

"中国人有四大发明——造纸术、印刷术、指南针和火药。有人称二十四节气为'中国的第五大发明',2016年,二十四节气被联合国教科文组织正式列为人类非物质文化遗产了。"

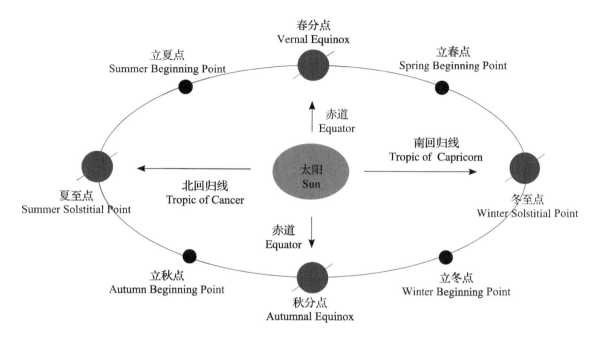

地球绕太阳一周与二十四节气中季节的变化位置（陶翠屏 绘）

"哦，小刚，你能慢点再说一遍节气歌吗？让我也学一学呀。"

"好哇！"

于是，王小刚先说一句，汉斯然后重复一句，他们俩就这样一路走到了家。

## 什么是十二生肖？

对属相和星座，汉斯从来没有关心和注意过，直到有一天，与王小刚一家人聊天时，王小刚的母亲随便问了汉斯一句："汉斯，你属什么的？"

汉斯耸了耸肩，回答道："杨阿姨，我不明白您问什么。"

"怎么？汉斯，你连十二生肖都没有听说过吗？"

汉斯摇了摇头。王小刚的父亲接过话题，问汉斯："你比小刚大多少岁？"

"两岁吧。"汉斯回答道。

王小刚的母亲马上说："那就是属虎的。"

"哦，我属虎的。"汉斯半信半疑，问王小刚的母亲："杨阿姨，您能告诉我，十二生肖是什么吗？"

王小刚的母亲解释道："中国人将十二种动物与人的出生年份相对应，这十二种动物被称为十二生肖。"接着她用手指数着："鼠、牛、虎、兔、龙、蛇、马、羊、猴、鸡、犬、猪。"

"真是十二种动物呀！"

王小刚的父亲补充说:"注意,其中有一个动物在现实生活当中,是不存在的。"

王小刚喊道:"我知道,是龙。"

"哦,那十二生肖怎样与年份对应起来呢?"

"十二生肖与十二地支结合在一起,就和年份挂上钩了。"

"什么是十二地支?"汉斯刨根问底。

"要想说明十二地支,首先要知道什么是天干地支。"

"还挺复杂的。"

"在古代,中国人就开始用天干地支记年法。简单地说,用它来计算年月日。"

"哦。"

"天干地支由两部分组成。"

"让我猜一猜,天干和地支,对吗?"

"你猜对了。天干和地支简称为干支。"

"天干是哪些呢?"

"天干有甲、乙、丙、丁、戊、己、庚、辛、壬、癸,一共十个。"

"那地支呢?"

"地支有十二个,它们分别是子、丑、寅、卯、辰、巳、午、未、申、酉、戌、亥。这地支与十二生肖挂上钩。"

"这么说,它们表示十二年喽。"

王小刚的父亲拿出一本书,指着书中的一张图,对汉斯说:"汉斯,你过来看一看就知道,十二地支与十二生肖是如何相配的。"

"真有趣,西方人的星座与中国人的生肖有相似的地方,它们也是十二个。"

"它们既有相同的地方,也有不同的地方。"

"王叔叔,您为何这样说呢?"

"汉斯,你想一想,它们相同的地方都是十二个。"

"是呀!"

"那不同的地方是,西方人的星座以月来计算,中国人的生肖是与年相结合的。"

"对呀,我差点忘了这一点。"

"中国人使用干支计算年月日已经有二千多年了。天干地支是一门大学问。比如,中国人常说的生辰八字。你知道是哪八个字吗?"

"不知道。"

"把你出生时的年、月、日、时的干支合起来,就是你的生辰八字。"

"生辰八字有什么用场?"

"有时候,生辰八字,算命先生要问,找对象结婚要用。"

"哦,这不是迷信吗?"

"是的,不过,有人信,有人不信,完全取决于个人。"

他们聊着聊着,王小刚喊了一声:"妈,您看现在都几点钟了,我肚子饿了。您什么时候做饭呀?"

王小刚的母亲看了看表,说:"瞧,我们聊天,把时间给忘了。现在我得去做饭了,要不今天晚上我们只能吃饼干啦。"

"这可不行!"王小刚喊了一声。

这时,大家都笑了起来。

# 如何买火车票？

中秋节渐渐地临近，这几天汉斯头脑里只想着一个问题，如何去北京拜访马丁一和他的父母。他想来想去，认为乘火车去北京最好。今天，他打算去一趟火车站买火车票，他问王小刚："小刚，我打算今天下午放学以后，去火车站买火车票，可我不知道怎样去。"

"这好办，我跟你一起去火车站吧。"王小刚毫不犹豫地说。

汉斯高兴地说："那太好了！放学后，你带我去。"

"汉斯，你为什么一定要去火车站买火车票呢？"

"不到火车站买火车票，到什么地方去买？"

"你为什么不在网上订火车票呢？"

"火车票在网上也可以订？"汉斯不敢相信自己的耳朵。

"当然可以。这样，你可以省得跑一趟路，还不用排队了。"

"你说得对。我没想到，在中国可以网上订票。"

"汉斯，现在在中国网上购物已经相当普遍了。"

"在德国买火车票，要不到火车站去买，要不在网上订。"

"在中国还有第三种办法。"

"还有什么办法？"

"你可以在火车票代售点去买。"

"哦，还有火车票代售点吗？"

"以前，这类火车票代售点到处可见，随着网上购物不断发展，网上订票抢了火车票代售点的生意。"

"计算机的发展，网上购物的扩大，必然会冲击以前的商业模式。优胜劣汰是一条不可抗拒的规律嘛！"

"现在在中国，很多人都有手机，用手机也可以订火车票和飞机票。"

到了晚上，大家在吃晚饭的时候，王小刚首先开口问他的父母："爸爸，妈妈，汉斯想在网上买火车票。"

王小刚的母亲问道："汉斯，是吗？"

汉斯答道："是的。我本想去火车站买，小刚说，网上可以买票。"

王小刚的母亲说："对，网上订票最方便。"

王小刚和汉斯高兴坏了，他们迅速吃完饭，开始在网上订火车票。可他们万万没想到，卡在订火车票的最后一步。无论他们怎样操作，订票的状态都不能显示"成功"。王小刚喊道："爸爸，爸爸，您快过来看一看。"

王小刚的父亲走到电脑旁，问道："怎么了？有什么问题？"

"您看，订票的状态就是不能变为'成功'。"

王小刚的父亲在网上查来查去，过了好一阵子，他终于开口说："汉斯，我查了网上的说明，你是一个外国人，用的是护照，而且，你是第一次在网上订票。"

"这与护照和在网上第一次订票有关系吗？"

"当然有关系啰，因为你还没有确认身份，所以你必须到火车站窗口进

一列和谐号动车在上海虹桥站等待出发（陶翠屏 摄）

行身份验证,看买票人是否与护照相符合。这与买飞机票是一样的,实行实名制。"

"在德国也一样,不过不是在买票时验证,而是在火车上查票时检查。"

"现在该怎么办？难道汉斯还要去一趟火车站吗？"王小刚着急地问道。

"那倒没有这个必要,只是汉斯在上火车之前,先到火车站窗口验证身份后，方可取票。"王小刚的父亲解释道。

"我明白了。"汉斯点头说道。

"汉斯，你得早点去火车站，免得错过火车啰。"

"我知道了，我们也没有白干，至少我现在买了火车票，心里踏实了许多。"

"目前中国的高铁发展很快，过去从上海到北京要十几个小时，现在乘高铁只要五六个小时，很方便的。" 王小刚的父亲补充道。

就这样，汉斯知道如何在中国买火车票了，他体会到，中国商业网络化发展如此之快，有些地方甚至都超过了德国。

# 火车站还要安检？

今天，汉斯要出发去北京，他特别激动，因为就要见到已有12年没有见过的好朋友——马丁一了。

吃了早饭，王小刚的父母开始催汉斯："汉斯，你的东西都收拾好没？"

"还没有完全收拾好。"

"赶快收拾呀，时间不早了。""杨阿姨，不是还有两个多小时嘛，不用着急。"

"汉斯，我们从这里开车到火车站要四五十分钟，如果遇到堵车，要一个小时以上。"

"那还有一个多小时呢。"

"你忘了，你还要到火车站窗口做身份验证、取票啦。另外，进火车站要安检的。上海火车站每天有多少乘客呀，你说，这要花多少时间？"

"什么？火车站还要安检？"

"是呀，现在火车站安检就与机场安检差不多。"

"听您这么一说,我真该走了。"

于是,汉斯匆匆忙忙地收拾好行装,告诉王小刚的父母:"我准备好了,可以走了。"

王小刚的父亲开车,送汉斯去火车站,王小刚也跟着去了。他们一下车,拿着行李还没有走到火车站门口,就看见一排又一排的人。这可让汉斯开了眼界,感受到了什么叫人山人海。汉斯深深体会到,中国人口如此之多,德国人口与中国比,真不是一个数量级的。就拿上海来说,上海市有二千多万人口,德国全国人口只有八千多万,上海市人口就占了德国全国人口的1/4。

汉斯与王小刚和他父亲先进了售票大厅,然后顺利地取了票。王小刚的父亲叮嘱汉斯:"你要注意行李和自己的安全呀!到了北京后,打个电话,报个平安。"

"知道了,王叔叔。"

"汉斯,祝你一路平安!"王小刚说。

"谢谢!"

汉斯告别了王小刚和他父亲。他一个人拉着行李箱,拿着护照和车票,顺利地经过安检,走进候车大厅,等待着火车的到来。

## 接新娘还要给红包？

汉斯一路顺利到达北京，马丁一和他的父母都到火车站接他来了。当汉斯拉着行李箱走出站台时，他从老远一下子就认出了马丁一，尽管他与马丁一之间已有12年没有相见。他激动地大声喊道："丁一，丁一。"

马丁一迎面跑过来，也大声喊着："汉斯，汉斯。"

汉斯和马丁一高兴地跳了起来。马丁一的父亲接过汉斯的行李箱，问道："汉斯，一路上还好吗？"

汉斯回答道："马叔叔，我一路上挺顺利的，没有遇到任何麻烦事。"

汉斯和马丁一两人站在那里，说个不停。马丁一的父母见到这两个孩子那么高兴，忙说："哎，你们俩不会准备在这里过夜吧？快走吧，回家有的是时间，够你们说的。"

汉斯和马丁一相视一笑，马丁一说："那我们赶快回家吧！"

于是，他们走到停车场，马丁一的父亲开车回家。一路上，马丁一和汉斯这俩人你一句、我一句，说着，笑着，唱着。马丁一的父母心里也很高兴，在他们的记忆里，汉斯只是五六岁的孩子，现在都长成十七八岁的小伙子了。

晚上，汉斯和马丁一两人聊到半夜。

第二天是中秋节，汉斯与马丁一一家吃完早饭不久，突然外面传来了一阵阵的鞭炮声。马丁一和汉斯好奇地一起跑到阳台上往外面一瞧，啊，他们家楼下挤满了人。鞭炮声过后，只见一位年轻的小伙子，身穿一套帅气的西装，胸前别着一朵红花，手拿一叠大大小小的红包。在他前面的人群中有人喊着："新郎官，不给红包，你别想进门接新娘。"

汉斯问马丁一："这是怎么一回事呀？"

马丁一手指着穿西装的小伙子，解释说："这是一个结婚的习俗。你看，那位特别英俊的就是新郎。"

"那些人为什么要拦住新郎接新娘呢？"汉斯不可思议地问道。

"噢，那些人是新娘的娘家人，他们不会轻易地将新娘交给新郎的。"

"为什么？"

"结婚就意味着新娘嫁出了娘家。之后新娘就是新郎家的人了。"

"他们为什么非要红包呢？"

"红色在中国表示幸福吉祥的意思。红包里装的是钱，图个吉利。"

在新郎给了大大小小的红包之后，楼下的大门突然打开了，新郎走进去上了楼。在新娘的家门口，新郎又被卡住了，又遇到要红包的人。不管新娘的家人怎样"叨难"新郎官，新郎一行还是闯过各种关口，接到了新娘。

这种新郎接新娘的结婚场面，汉斯还是头一次见到，他好奇地跟上了楼。新娘穿着一身耀眼的红旗袍，打扮得漂漂亮亮。新郎抱着新娘下楼梯，走到汽车门前。这时，新郎家里来的人，向人群中撒了一把又一把的糖，看热闹的人们一拥而上抢喜糖，那个热闹劲可想而知。

汉斯和马丁一也抢到了喜糖。随着接新娘的车队慢慢消失，在这里看热闹的人们也逐渐散去。汉斯亲眼看到新郎接新娘的过程，但是他还想知道，新娘到了新郎家，还会有哪些礼节。他好奇地问马丁一："丁一，这新郎接了新娘回家，他们的结婚仪式算结束了吗？"

马丁一笑着说："怎么，你对结婚感兴趣？"

汉斯红着脸，忙解释道："不是我自己要结婚，而是我对中国结婚的习俗感兴趣。"

马丁一捧腹大笑，说道："汉斯，我就开个玩笑，我明白你的意思。"然后，他接着说："你刚刚看见的新郎接新娘，这只是结婚过程的开始，后面还有重头戏。"

汉斯带着失望的口吻说："可惜，我再没有机会看到了。"

"汉斯，你可不要太悲观了。谁让你有我这么一位好朋友呀，算你走运。"

汉斯听出马丁一话中有话，便马上问："丁一，我还有机会看到？"

"当然喽，明天，我家有一个亲戚也要结婚。"

"哦。"

"他们已邀请了我们，我本不打算去，为了你，我陪你去一趟。"

"哇，太好了！"汉斯一下子高兴得蹦了起来，一直到晚上，他都兴奋得难以入睡。

## 婚床上为什么放红枣和花生？

昨天，马丁一答应汉斯，今天带他去参加婚礼。上午，马丁一便领着汉斯去他堂哥的新房。

新郎官是马丁一的堂哥，也就是马丁一父亲的哥哥的儿子。正因为他们之间是亲戚关系，马丁一父母要帮新郎家里人做准备，如新郎家里里外外的布置，门口、窗户和墙上要贴上双喜字、红剪纸，端茶递水，招待客人，等等。他们没有时间给汉斯讲解，这项任务落在了马丁一肩上。

这时，听到有人喊着："来了，来了，新娘子来了！"马丁一和汉斯赶紧跑到阳台，看着新郎官抱着新娘子进了大门。不一会，热闹声越来越近，新郎官抱着新娘子走入房门内，放下新娘子后，他们先给新郎的父母敬茶，然后进婚房。

在婚房床上，汉斯发现放着许多花生和红枣，他纳闷地问马丁一："丁一，你看，床上有这么多花生和红枣，为什么呢？"

"汉斯，这是中国特有的习俗，人们用花生和红枣祝福新婚夫妇早生贵子！"

"哦。"

婚床上的红枣、花生、桂圆和莲子（陶翠微 摄）

从汉斯的眼神中马丁一察觉出，汉斯还没有明白花生和红枣与早生贵子的联系，于是问道："你知道早生贵子的汉语拼音吗？"

"zǎo、shēng、guì、zǐ。"

"对呀！你看，红枣的'枣'（zǎo），花生的'生'（shēng），桂圆的'桂'（guì），莲子的'子'（zǐ），它们是早生贵子的谐音。所以，人们将这些东西放在婚床上，祝愿新婚佳人早日生孩子。"

"真有意思，通过语言游戏，来表达祝福。"

"在德国可能没有这种习俗吧？"

"没有，德国人在新婚前夜，有个庆祝会，在新房门前摔盘子，祛除邪气，告别单身生活，希望带来好运气。"

"每个国家都有自己独特的风俗习惯。"

"然后,结婚那一天,请亲戚和朋友吃一顿饭,当然还有些人在教堂举行婚礼。"

"啊,这也太简单了吧。在中国,结婚可是一件大事。"

"这一点,我也看出来了。"

"除了新郎接新娘,到新郎家之后,还有新婚夫妇向长辈敬茶,然后进婚房。"

"婚礼就到此为止了吗?"

"当然没有,等一会,在酒店中还有隆重的婚礼,有很多人参加。"

"这么多人,他们是些什么人?"

"参加婚礼的,有新郎和新娘的家里人,亲戚和朋友,大学、中学和小学同学,还有单位同事和领导。"

"这样一算,可不就不少人嘛。"

"婚礼上有些什么活动?"

"现在的婚礼,一般都有一个司仪,宣布婚礼正式开始。新娘新郎隆重登场,接着会有双方家长代表讲话,新郎和新娘讲述他们的恋爱经历,然后还有证婚人宣读结婚证等,最后大家在喜庆的音乐声中喝喜酒,吃喜饭。"

"在中国结婚,要办这么大的场面,有这么多的事,花钱一定也不少吧。"

"那是自然的。不过,今天我们不谈钱的事,好好与新郎和新娘一起,祝他们新婚快乐。"

"你说得对。"

"走,我们到酒店去吧!"

汉斯和马丁一一起往酒店方向走去。

# 哪一天是赏月最佳日？

马丁一现在已是北京大学一年级的学生了，他交际广，朋友多。吃完午饭之后，他抱歉地对汉斯说："对不起，今天晚上，我不能陪你了。"

汉斯问道："为什么？"

"今天晚上，我有一个中学同学聚会。"

"同学聚会？"

马丁一反问道："你想跟我一起去吗？"

"在哪里？干什么？"

"我们去赏月。汉斯，你知道哪一天赏月最好吗？"

"当然是十五满月之时喽。"

"中国有一句老话，'十五的月亮十六圆'。昨天是农历八月十五中秋节，今天是农历八月十六，晚上的月亮最大最圆最亮，加上天气这么好，所以，我们约定今晚爬山赏月去。"

"听起来挺浪漫的，好，我乐意与你同去。"

"行！不过你不要怕累呀！"马丁一笑着对汉斯说道。

"爬山，我肯定会在你的前面。"汉斯很认真地回了马丁一的话。

晚上六点多钟，马丁一领着汉斯去了一家餐馆，在那里不少马丁一的同学已经到了。马丁一给汉斯讲述这次中学同学聚会的原因。因为他们在几个月前高中毕业了，紧接着他们各奔前程，有的上大学，有的要工作，还有的在家闲着，现正值中秋节放假，大家有时间，一是聚会，二是爬山，三是赏月，他们想找回自己中学时代的乐趣。

聚餐时，汉斯发现，他们不是每个人一份饭菜，各吃各的，而是合在一起，大家共同点菜，不分你我。汉斯好奇地问马丁一："丁一，你们同学聚餐是分餐，还是合餐？"

"分餐还是合餐？"马丁一感觉汉斯问的问题太奇怪，他接着说："我们一般情况下是合餐，分餐多没意思呀。"

"为什么？"

"你想，如果分餐，每个人只能吃自己订的一份菜，现在我们合餐，每个人可以吃这么多的菜，你说，是分餐好还是合餐好呢？"

"合餐虽好，但是，丁一，我今天身上没有带多少钱，你能否借我一些？"

"汉斯，你在说什么呀！你是我的客人，怎么会让你来付钱。"

"在我们那里，同学聚会是每个人各自掏腰包的。"

"汉斯，今天算你走运，这顿饭，已有主了。"

"这话是什么意思？"汉斯没有明白马丁一的话。

马丁一指着坐在对面的一个大胖子，说："他就是这次聚餐的东道主。"

"什么？我们这么多人，就他一个人付钱？"汉斯吃惊地几乎叫了起来。

"是呀，这有什么大惊小怪的。我们是轮流请客，这次轮到他了。"

"真有趣，聚餐还有轮流请客这一说。"

"我们这一帮人，在中学时常在一起玩、一起吃、一起学，所以，慢慢形成了轮流请客的规矩。"

于是，汉斯与其他人一样，各种菜都品尝到了，大家谈笑风生，吃得津津有味。

吃完晚饭后，那个大胖子付了这一桌子的饭菜钱。然后大家一起沿着上山的路往山顶去了。

今天晚上，天上没有一丝云彩。当他们这一伙年轻人爬到山顶上的亭子时，一轮明亮的月亮挂在天上。这一帮年轻人你一言、我一语的，关于月亮展开了热烈地讨论。汉斯从他们的言谈中，深深地感觉到，中国人对月亮特别有感情，他也从中受到了感染。

新疆喀纳斯湖旁的观鱼台（陶翠屏　摄）

## 堂哥与表哥有什么区别？

汉斯从北京回到上海，看见王小刚家来了一位客人，王小刚主动上前给汉斯介绍："汉斯，这是我的表哥。"然后，他转身对他的表哥说："这是汉斯，他来自德国。"

王小刚的表哥伸出手说："你好！汉斯，我听小刚说起过你。"

"你好！你是小刚的表哥，我也可以叫你表哥吗？"

王小刚的表哥迟疑地回答："我不知道是我比你大，还是你比我大。"

"我估计，你们俩一般大。"王小刚说。

"是吗？"汉斯问了一声。

王小刚的表哥提议："那还是叫我名字吧。我叫杨涛，你就叫我涛涛。"

"涛涛，你从哪里来？"汉斯开口问了起来。

"我家就在上海。"王小刚的表哥答道。

"哦。"

王小刚感觉到汉斯说话有点奇怪，便问："汉斯，有什么不对吗？"

"没有。你的这位表哥让我想起了丁一的堂哥。在北京我还参加了他的婚礼。"

"婚礼一定很有意思吧?"

"没错,不过,你有表哥,他有堂哥,这表哥与堂哥有区别吗?"

王小刚的表哥笑着说:"我姓杨,与小刚的母亲同姓,而小刚姓王,这就说明了一切。"

"我还是没有明白,难道这与姓氏还有关系?"

"当然有关系,而且还是特别密切的关系。"

"哦?"

"我与小刚不是同一个姓,我与小刚的母亲同姓,这说明我是他母亲家的亲戚。"

"马丁一的堂哥一定姓马。我猜,马丁一的堂哥一定是他父亲家的亲戚。"

"汉斯,你这次猜对了!"

"没想到,中国人对父母双方亲戚的叫法还不同。"

"在西方,叫法都是一样的,是吗?"

"是的,无论是父亲家里还是母亲家里的亲戚,只看辈分,在同一辈中,没有任何区别,叫法都一样。"

"那么你们怎样区分他们是父亲家里的亲戚还是母亲家里的亲戚呢?"

"我们在说辈分名称后,加上一句话来说明是父亲家的还是母亲家的。"

汉斯接着说:"中国人在称呼上将亲戚区分开来,体现了内外有别呀!"

"汉斯,你说得没错。中国人很看重家族,特别在农村。"

"为什么会这样呢?"

"在农村一些家族有自己家族的祠堂。过去,小孩子识文断字是从家族祠堂中开始的,因为在那里有家族人资助的学校。"

"哦。"

"你只要看看家族祠堂,便会知道这一家族的兴衰。"

"听你这样一说,我倒是想去瞧一瞧。有机会,你能不能带我去看一看祠堂?"

"好哇!可是祠堂现在不常见。过几天是国庆节,有几天假,我们可以利用这段时间出去旅游一趟。"

"好主意!"

"明天还要上学,我们今天得早点睡觉。"

于是,他们三人进到各自的房间,准备睡觉了。

# 汉语有多少个字？

汉字是世界上独一无二的。西方的语言以字母拼写而成，汉语与西方的语言文字完全不同，它是象形文字，字本身像字所指的实物。因此，有些西方人说，中国人写汉字，不是在写字，而是在画画。恰好这个"画"字，体现了中国文字的魅力。也正因为这个缘故，中文深深地吸引着汉斯。在学校上课时，老师在黑板上写字，他格外地注意，老师写什么，怎样写，还在自己本子上做笔记。放学后，回到王小刚家，他一定去看王小刚做作业，瞅瞅王小刚怎样写汉字。尽管汉斯不完全知道王小刚和老师写的是什么字，可他很想知道，中国文字其中的奥秘。

有一天，刚上完语文课，汉斯走到语文老师的面前，壮着胆子向老师问道："张老师，我能向您提一个问题吗？"

"当然可以，汉斯，请讲。"

"汉语有多少个字？"

张老师没有马上回答，沉思了一会，随手拿起一本书，说道："汉斯，你看，这是一本《新华字典》，上面收集了一万一千多个单字。"

"一万一千多个不同的字吗?"

"当然是指不同的字,《新华字典》是中等文化水平的人使用的小型语文工具书。"

"啊,中等文化水平的人使用的小型语文工具书就有一万一千多个字,若是高等文化水平的人使用的大型字典,就要有好几万个不同的单字了吧?"

"汉斯,你猜得没错。"

"在西方,拉丁语和其他语系的单词都是用26个字母组成的,中文用什么组成这么多的字呢?"

"中文和西方语言有着本质的不同,西方语言以音辨字,而汉语是以形来辨字的。"

"张老师,您能举个例子吗?"

汉语工具书——《汉英双解新华字典》和《现代汉语词典》(陶翠屏 摄)

"比如，人们的'人'（rén）字，英语是man。"张老师将这两种文字写在黑板上，解释道："你看，汉语的'人'字，像不像一个人在走路的样子？一只脚在前，一只脚在后呢。"

"张老师，汉语的'人'字还真像一个人呢。"

"若把两个'人'字加在一起，就是'从'（cóng）字了。"

"'从'字是什么意思？"

"它表示一个人跟着一个人，即跟随的意思。"

"这太形象了！"

然后，张老师在黑板上又写了一个"众"（zhòng）字。"你再看一看，如果把三个'人'字堆在一起，它就变成了'众'字。"

"它是不是表示许多人的意思？"

"汉斯，你真聪明。"

"张老师，经您这么一说，汉字变得更有意思了。一旦知道它们之间的联系，可以举一反三，一下子可以学到好多字呀！"

"你说得对。我再举一个例子。这是一个'木'（mù）字，它是树木的木，两个'木'字合并在一起，就是'林'（lín）字，它表示有一些树在一起；林，是树林的'林'字。"

"哦。"

"若在'林'字上面再加上一个'木'字，便是那一望无边的森（sēn）林的'森'字了。"

"汉字可真神奇啊！"

"再给你举一个例子，'王'字。"

"我听说过这个'王'字，是姓王的'王'，国王的'王'，对吗？"

"不错，你知道它的来历吗？"

"这我可真不知道。"

"三横一竖就是一个'王'字。你知道，这三横一竖分别表示什么意思吗？"张老师问道。

汉斯摇了摇头，张老师耐心地解释说："三横中的最上一横表示天，最下一横表示地，中间一横表示百姓。"

"那中间的一竖呢？"

"那一竖代表的是国王。"

"为什么这一竖代表国王呢？"

"因为在中国人眼里，'王'是顶天立地的人，这一竖不就是起这样的作用吗？"

"您解释得太好了！"

"汉斯，你说，汉字的形状是不是就像这个字所表示的意思呢？"

"张老师，听您这么一解释，我对汉语更加感兴趣了。"

"想学好中文对西方人来说，有一定的难度，特别是写汉字，你不怕吗？"

"我不怕。因为我对汉语感兴趣。另外，我还有在童年时代交的中国好朋友——马丁一，我想在他那里露一手。"

"好哇！你想学好汉语，我支持你。你如果有什么问题，或者有什么困难，尽管告诉我，我会尽量帮你的。"

"谢谢您，张老师。"

汉斯下定决心，要说好中文，写好汉字。下次见到马丁一，一定要给他露一手。

# 什么是拼音声调？

汉斯到上海已有几周了，他想让自己的汉语发音更标准，更好地与中国人打交道。他首先面对的一个拦路虎，就是汉语拼音的声调。为此，汉斯闹了好几次笑话。

有一天，汉斯鼓足勇气，用中文对王小刚说："小刚，wǒ dǎ nǐ jì niàn。"

王小刚听后，脸色一沉，严肃地问汉斯："什么？你刚才说的什么？"

汉斯摸不清头脑，又用英语说了一遍（我大你几年）。

这时王小刚脸上才露出笑容："你知道，我刚才听到你说的是什么吗？"

汉斯茫然的摇了摇头。

"你刚才的发音像在说'我打你纪念'。"

"什么？我刚才说的是这个意思？"汉斯惊慌失措地问王小刚。

"是呀！你把dà（大）说成dǎ（打），把jǐ（几）说成jì（纪），把nián（年）说成niàn（念）了。"

"这太可怕了，汉语的声调我常常掌握不好。"

"声调不对会造成莫大的误会。一模一样的拼音，声调不同则表示不同的字，当然，它的意思也会不同。"

"什么是拼音？"

"拼音全称为汉语拼音，用它可以拼出汉字的发音，也就是汉语普通话读音的标注，类似于英语中的字母。"

"什么是拼音声调？"

"拼音声调指的是普通话中有四个声调，常叫四声，它们分别是：

第一声：阴平（ˉ）；

第二声：阳平（ˊ）；

第三声：上声（ˇ）；

第四声：去声（ˋ）。"

"它们之间的不同，对我来说，特别难。声调发音有什么特点呢？"

"四种声调有各自的发音特点：

阴平（ˉ）：音调平稳；

阳平（ˊ）：音调往上；

上声（ˇ）：音调先下后上；

去声（ˋ）：音调往下。

它们的发音就像各自的声调符号所标示的样子。"

"你能举个例子吗？"

"就拿tang来说吧，汉语拼音是一模一样，请注意它的声调：

tāng 汤（soup），

táng 糖（sugar），

tǎng 躺（lie），

tàng 烫（scald）。"

"这第四声听起来很强硬，就像说英语生气时发出来的声音。"

"有人统计过，第四声的汉字约占所有汉字的三分之一。正如你之前说的那样，外国人听中国人说话像吵架似的。这是一个误会。"

"是的，我就有这样的感觉。不过，四声对西方人来说，太难了！"

"其实也不难，我记得，上小学一年级的时候，我也要过这一关。就拿一个拼音，不停地练习声调四声，久而久之，自然而然就会了。"

"这是一个好办法，我也试一试：tāng，táng，tǎng，tàng。"

"说得不错嘛，看来这个拦路虎是拦不住你的。"

"小刚，你再听一听da，看对不对：

　　dā 搭（build, take），

　　dá 达（reach），

　　dǎ 打（hit, beat），

　　dà 大（big, great）。"

"汉斯，只要你天天练习，肯定会学会的。"

"谢谢你的鼓励！小刚，我想到另外一个问题，同一个汉语拼音，同一个调，那一定会是同一个字，对吗？"

"那可不一定。"

"哦，为什么呢？"

王小刚从书架上拿出一本《新华字典》，他随手翻到一页，给汉斯看："你看，这一个拼音píng对应了多少个不同的字，如：

　　平——flat，

　　评——criticize，

　　瓶——bottle，

　　屏——screen，

　　……

在这本《新华字典》上，píng就对应有13个不同的字。"

"如果读音相同，你怎么知道别人说的是哪个字呢？"

"汉斯，这个问题讲起来就太复杂了。今天没有时间了，我还得完成今天的作业，明天我们再聊吧！"

"好的，谢谢你。"

"不用客气。"

"我可以借一下这本《新华字典》吗？"

"当然可以。"

汉斯从王小刚手中拿走《新华字典》，走进了自己的房间。王小刚瞧他那认真的样子，猜想汉斯明天肯定还会与他讨论汉语。

曾侯乙编钟（陶翠屏　摄）

# 汉字是什么样的结构?

昨天晚上汉斯几乎看了一宿《新华字典》。他把这本字典从头翻到尾,又从尾翻到头,一会儿看拼音,一会儿试声调,一会儿观汉字。问题一个接一个地在他脑海里浮现,让他彻夜未眠。

今天下午汉斯和王小刚放学回到家,汉斯就拿着《新华字典》走到王小刚房门口,他看见王小刚正在埋头做作业,不好意思去打扰王小刚。他耐心地等呀,等呀,终于等到王小刚做完了作业。他马上走进王小刚房间,说:"小刚,你现在有空吗?"

王小刚看见汉斯拿着《新华字典》,对汉斯过来的目的已猜得八九不离十。他故意开玩笑地问道:"汉斯,你把这本《新华字典》已经读完了吗?"

他万万没想到,汉斯居然回答道:"是的,我读完了,还不止一遍。"

"真的?"王小刚惊讶地喊了起来。

"当然是真的,不过是粗读,昨天晚上我读它,读了快一晚上。"

"你到底读了几遍?"

"我读了三遍。"汉斯脱口而出。

"哇!我还从来没有把这本《新华字典》从头到尾读过一遍,你却在一个晚上读了三遍,真叫我佩服。" 王小刚对汉斯的学习精神佩服得五体投地。

汉斯指着《新华字典》上的字,开门见山地说:"我一翻这本字典,发现汉字的特点是方块字,不像西方那样,用字母拼写成的。"

"是呀,汉语以形表意,拉丁文以音示意,这是它们之间的最大区别。"

"你看,这方块字就像搭积木一样。"

"汉斯,看来你的确下了功夫。"

"小刚,你又瞎夸我了。你快说一说,汉字是什么样的结构。"

"汉斯,你看,正如你所形容的那样,汉字是方块字,它有不同的结构。"

"有哪些结构?"

"汉字字形的最小单位是笔画。传统的汉字基本笔画有五种,它们是点(丶)、横(一)、竖(丨)、撇(丿)、折(一)。"

"哦。"

"另外,汉字有左右结构、上下结构,还有内外结构。所以,要注意字的偏旁。"

"什么叫偏旁?"

"偏旁是指汉字结构中的主要部分,即将合体字分开后得到的最基本的部分。"

"你能举例子说一说吗?"

"比如,'打'字——扌字旁(提手),'林'字——木字旁,

'湖'字——氵字旁（三点水），'花'字——艹字旁（草字头），等等。"

"这些偏旁都很形象。"

"汉字除了偏旁之外，还有字族，例如'打'字，'打'字的左边为提手旁，右边是'丁'字，如果我把'丁'字的字族写出来，你也许能猜出字的意思。"

"真有这么神奇吗？"

"汉斯，你别着急嘛，你让我接着往下说。就拿'丁'字的字族为例：

打 dǎ（打击，殴打，打杀）：提手旁＋'丁'字；

灯 dēng（电灯，路灯）：火字旁＋'丁'字；

丁 dīng（男丁，园丁）：'丁'字；

钉 dīng（钉子，钉锤）：金字旁＋'丁'字；

订 dìng（修订，订约，装订）：言字旁＋'丁'字；

**安徽双墩新石器时代遗址（5000-4000 B.C.）陶器上的刻划符号**
Engraved Signs on Neolithic Pottery Wares in 5000-4000 B.C. Unearthed in Shuangdun, Anhui

**青海柳湾出土马家窑文化（3000-2500 B.C.）陶器上的刻划符号**
Engraved Signs on Majiayao-culture Pottery Wares in 3000-2500 B.C. Unearthed at Liuwan, Qinghai

陶器上的刻划符号（陶翠屏 摄）

汉字"牛"的演变(陶翠微 摄)　　　　汉字"猴"的演变(陶翠微 摄)

厅 tīng(厅堂,客厅):厂字头+'丁'字。"

"我知道了,'打'是用手去打,'灯'笼中有火,'订'东西要用嘴说。"

"汉斯,你真聪明。"

"还不是因为有你这样的好老师嘛!"

他们俩讨论得热火朝天,忘记了时间。晚上十点的钟声响了,王小刚的母亲不得不进来说:"明天你们还要上学,该收拾收拾睡觉了。"

他们俩互相看了一眼,又看一下钟,二话没说,准备睡觉了。

通过王小刚对汉语这么一解释,汉斯对汉语更加有兴趣了。他默默地下决心,要好好学习中文,争取以后上大学学中文。

## 中国人如何打招呼？

这几天，汉斯特别想学几句中文问候语，以表达他对中国人的热情和友好。他的中文老师王小刚当然是他的交流对象。

汉斯问王小刚："小刚，你们中国人见面时，如何打招呼？"

"很简单，你就说，nǐ hǎo (你好)！"

"就这两个音？"

"是呀！这是一句问候语，在任何时候，在任何场合，与任何人打交道都可以用。"

"nǐ hǎo，nǐ 是你我的你，hǎo 是好坏的好，对吗？"

"对呀！"

"但在德语中有尊称这一说，中文也有吗？"

王小刚用笔在纸上边写边解释道："在中文也有尊称与一般称呼之别：你（nǐ）—du（一般称呼）；您（nín）—Sie（尊称）。"

"哎，小刚，这尊称'您'与一般称呼'你'有相同的地方呀。"

"你说说看，有哪些地方相同？"王小刚用老师的口吻问汉斯呀。

"我的小老师,你看,'您'是上、下结构,由'你'和'心'两部分组成。"

"说得对!"

"不过,我不知道,这个'心'在这里代表什么意思。"

"你看它像什么?"

汉斯在纸上画来画去,停顿了一会说:"我想,这可能是心里的'心'字吧。"

"嗨,你竟然有中国人的想象力了。把'你'放在'心'上,这就是尊称'您'呀。"

"小刚,你解释得真好!"

"还有,当我要离开告别的时候,又该怎么说?"

"zài jiàn(再见)!"

"'再见'从字面上表示什么意思?"

"'再'字有'又一次'的含义,'见'指用眼睛看到的,会面等。"

"哦,这与德语一样,wiedersehen。"

"你说得没错,'再见'包含了两层意思,一是用于告别,二是表示重逢。它是指愿望和希望。"

"小刚,你解释得太好了,但是我还有一个问题。"

"请讲!"

"如果我想自我介绍……"

王小刚没等汉斯把话说完,便说:"你就说,wǒ jiào Hans(我叫汉斯)。"

汉斯慢慢地重复王小刚刚才说的话:"wǒ jiào Hans。"

"你还有问题吗?"

"我还有最后一句,我想说,我是德国人。"

"这简单，wǒ shì dé guó rén。"

"我还想问，中文也有性、数、格的变化吗？"

"你刚才学的几个句子都会了吗？"王小刚反问汉斯。

"nín hǎo，什么 jiàn？"汉斯试了试，他只想到一句。

"你看，你得先练好这几句话。"王小刚发话了。

"你说得对，我的王老师！"汉斯恭恭敬敬地说道。

于是，王小刚与汉斯一起高高兴兴地出去玩了。

## 学几句中文常用语

| 汉语句子 | 汉语拼音 | 英文 |
|---|---|---|
| 你好！ | Nǐ hǎo！ | Hello; How do you do! |
| 你好吗？ | Nǐ hǎo ma？ | How do you do? |
| 我还好，你怎么样？ | Wǒ hái hǎo, nǐ zěnmeyàng？ | I'm okay. How about you? |
| 我很好，谢谢。 | Wǒ hěn hǎo, xièxie。 | I'm good, thanks. |
| 早上好！ | Zǎoshàng hǎo！ | Good morning! |
| 有事吗？ | Yǒu shì ma？ | What's up? |
| 晚安！ | Wǎn'ān！ | Good night! |
| 你叫什么名字？ | Nǐ jiào shénme míng zi？ | What's your name? |
| 我叫小刚，你呢？ | Wǒ jiào xiǎogāng, nǐ ne？ | My name is Xiao Gang, and yours? |
| 我姓王，你姓什么？ | Wǒ xìng wáng, nǐ xìng shénme？ | Wang is my surname, and yours? |
| 你从哪里来？ | Nǐ cóng nǎlǐ lái？ | Where are you from? |
| 你是哪里人？ | Nǐ shì nǎlǐ rén？ | Where are you from? |
| 我是中国人。 | Wǒ shì zhōngguó rén。 | I'm Chinese. |
| 很高兴认识你。 | Hěn gāoxìng rènshi nǐ。 | Nice to meet you. |
| 感谢你的热情款待！ | Gǎnxiè nǐ de rèqíng kuǎndài！ | Thank you for your kind hospitality. |
| 不客气。 | Bú kèqi。 | It is my pleasure. |
| 打扰你了，非常抱歉。 | Dǎrǎo nǐ le, fēicháng bàoqiàn。 | I'm sorry to bother you. |
| 没关系。 | Méi guānxi。 | It's okay. |
| 这多少钱？ | Zhè duōshǎo qián？ | How much does it cost? |
| 太贵了，你能便宜一点卖吗？ | Tài guì le, nǐ néng piányí yīdiǎn mài ma？ | It is too expensive. Can you make it a bit cheaper? |
| 再见！ | Zài jiàn！ | Goodbye! |
| 晚上见！ | Wǎnshàng jiàn！ | See you this evening! |
| 祝你一路顺风！ | Zhù nǐ yí lù shùnfēng！ | Have a good journey! |
| 祝你好运！ | Zhù nǐ hǎoyùn！ | Good luck! |

## 中文有性数格的变化吗？

自打汉斯从王小刚那学了几句中文以后，他每天勤练习，现在除了几个声调不太准之外，他几乎能流利地讲出来。尽管王小刚能听懂他讲的那几句中文，但是，王小刚故意要考一考汉斯，他对汉斯说："汉斯，你如果在大街上，随便找一个人，跟他说这四句话，若他懂了，那么，我就告诉你，中文是否有性、数、格的变化。"

汉斯心想，这没什么大不了的，十分有把握地答道："小刚，这可是你说的，咱们一言为定！"

王小刚拍了拍胸脯，大声说道："君子一言，驷马难追！"

"那好，我们走着瞧吧。"

于是，汉斯二话没说，拉着王小刚就出门。走到大街上，汉斯看见迎面走过来一名中学生，他大胆地对她说："nǐ hǎo（你好）！"

这名女中学生给吓蒙了，她猛然转身，赶紧走开了。汉斯并没有灰心，这次他想拦下一个男孩子，但人家看都不看汉斯一眼，就擦身而过。这让汉斯陷入沉思，他不敢肯定，自己是否说得对。突然，在他的身后，响起了一句英语:"Hello,what can I do for you?"

汉斯转身一看,是一位中年妇女,汉斯从她的眼神中,看到了希望,便毫不犹豫地对这位女士用中文说:"您好!"

这位女士眨了眨眼,大大方方地用中文回答道:"你好!小伙子,没想到,你还会说中文呀。"

汉斯终于得到了回应,他马上意识到,他的机会来了,必须抓住这个机会。他赶紧用英语说明了情况,希望这位女士听他说三句中文。

"没问题。"这位女士肯定地说。

汉斯马上改用中文说:"您好,我叫汉斯,我是德国人,再见。"汉斯望着这位中年女士,赶紧问她:"您听懂了吗?"

"哦,原来你叫汉斯,来自德国,对吗?"这位女士说。

"对呀!小刚,你看她都听懂了我所说的话。"汉斯回过头,朝着王小刚喊起来。

这位女士这时才发现,在汉斯身后,藏着一位中国学生。她叫了起来:"怎么?你们俩是一伙的?"

汉斯笑着说:"他是我的中文老师,刚才是我的考试。"

王小刚竖起大拇指,笑着说道:"汉斯,你考试合格了。"

"原来你们在考试呀!考官这么年轻,英雄出少年啊!"那位女士风趣地说完后就走开了。

汉斯马上说:"老师,你说话要算数啊。现在可以告诉我,中文是否有性数格的变化了吧。"

王小刚认真地对汉斯说:"你说的性、数、格,实际上是三样东西。我只知道最基础、最简单的,毕竟我也没有专门研究过中文。那从哪儿说起呢?"

"那就从性开始讲吧。"

"中文没有直接区分阳性、阴性或者中性的字词,如果非要分的话,那么,有一个最常用的音'tā','tā'可对应三个字:他——男的他;她——女的她;它——中性或者动物和事物的它。"

"哦,一个音有三个不同的字?"

"是呀,所以我们要记很多汉字才行。"

"那复数呢?"

"复数啊,有一种最简单的办法,就在单数后面加上'们'字即可,如我→我们,你→你们,他→他们,她→她们,它→它们。其他的情况,遇到了再和你解释吧。"

"好的,那我先把这点记下吧。那么中文如何表示格呢?"

"中文没有格的变化,名词当主语或者当宾语是一模一样的。"

"看来,中文的语法比西方语言的语法简单一些。"

"我觉得不能用简单或复杂来比较,毕竟中西方文化差异较大,在语言上也是如此。刚开始学中文要在读音、写字,特别要在写字上下功夫。"

"汉斯,我相信,你一定能学好中文的。"

"谢谢老师的帮助和鼓励!"

两个小伙子说着笑着回家了。

## 世上有一字一音的语言吗?

汉斯在王小刚的班里上了好几周的课,在老师和同学的帮助下,他又学会了一些中文,特别是在王小刚和他父母的指导下,取得了较大的进步。

有一天,汉斯对王小刚说:"小刚,我给你背一句话,你看对不对啊。"

"汉斯,你背吧,我听着。"

汉斯慢慢地一个字一个字地说:"读书好,读好书,好读书。"

"汉斯,你背得不错嘛。"

"小刚,你都听懂了吗?"

"我全都听懂了。"

汉斯自豪地说:"真是功夫不负有心人啊。我觉得这三句话很有意思,练习好久了。"

"为什么你觉得这三句话有意思呢?"王小刚故意问汉斯。

"你看,同样三个字,'读''书''好',它们的顺序不同,表示着不同的意思。"

"瞧你,学中文的确有进步啊。"

"小刚,世上有一字一音的语言吗?"

"有啊!它正是你现在学习的语言。"

"我还真没有发现汉语有这一特点。"

"'读''书''好'。"汉斯重复了刚才他说的三个字,想了一会,接着说:"现在,我似乎慢慢地体会到了汉语'一字一音'的特点。"

"汉斯,没关系,你以后多注意汉字的发音,就会明白的。"

"好的,我接受你的建议。"汉斯虚心地说。

"与西方字母文字相比,象形字使汉字生动、有趣味。"

"小刚,我在写汉字时,总以为我在画画,不是在写字了。"

"汉斯,有这样的体会很难得啊。汉字的背后都是有故事的。古人常说,在学字当中,还要学道理,学做人。中国人还将文字背后的故事一代一代传下去,它代表着一种文化传承。"

"没想到,汉字还有这么大的魅力啊!"

"西方字母文字有形态的变化,汉语则不同。"

"你能举个例子吗?"

"比如,英语中的动词begin(开始),它有进行式—beginning,过去式—began,完成式—begun,一个词在不同时间状态下,其形态发生了变化。"

"那汉语呢?"

"英语的动词'begin',翻译成汉语是'开始',用'正在开始'表示进行式,用'已经开始'表示完成式,'开始'两字本身是不变的。"

"这比西方字母文字要简单得多啊!"

"这就是'一字一音'的好处。"

"有一个字,我想问你,'大'字,为什么有时读dà,有时读dài。"

"它是一字多音,汉语称为'多音字'。"

"哦。"

"你刚才说的'大'字,在指大小时,读作'dà';在指医生时,说'大夫',读成'dài'。"

"这似乎与英语不规则动词是一样的。"

"这两者在本质上不是一回事。"

"小刚,你说得对,我得好好向你学习汉语了。"

"汉斯,你学会不少东西了,掌握了这么多单词,已经很不错了。"

"谢谢老师夸奖!"

他们两人哈哈大笑起来。汉斯心里明白,学习汉语不是一件容易的事,他还要继续努力,以便为今后成为东西方友好使者打好基础呀。

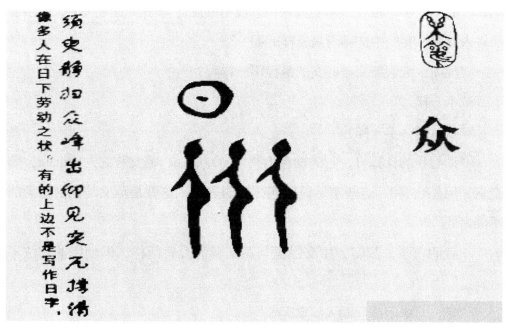

"众"字的演变(陶翠微 摄)

## 怎样用键盘输入汉字？

汉斯对中文的兴趣愈来愈浓，从实体商店和网络上买了一些学汉语的书和软件。他可以利用德文或者英文学习汉语，但是他却不知道怎样用键盘输入汉字。为此，他特意请教王小刚："小刚，我知道英文与德文的键盘不同，它们都是字母组成，对于我来说，没有问题。可中文是方块字，汉字怎么输入计算机呢？中文键盘是怎样的呢？"

"汉斯，难道英文与德文的键盘不一样吗？"

"不一样。"

"哦。怎么不一样？"

"你看我的计算机，它的键盘上有Ä,ä,Ö,ö,Ü,ü，德文称之为Umlaut，即变音，另外还有ß，这些字母只出现在德语之中，这就是英文与德文键盘的不同之处。"

"我明白了。其实，中文键盘与英文键盘没有两样，但使用的方法不一样。"

"哦，怎样用键盘输入汉字呢？"

"中文输入法有好几种，给你介绍一种比较简单的，叫拼音输入法。"

"拼音输入法？"

"你来看，我给你试输入一个字。"王小刚打开自己的计算机，问汉斯："你想输入哪一个字？"

"'人'字。"

"你先要知道这个字的读音，然后还要会写拼音，最后按照拼音用键盘输入。比如，你想写'人'字，'人'字的汉语拼音是rén，现在我用键盘输入r、e、n。"

汉斯看着王小刚用键盘输入r、e、n，他感到奇怪，问王小刚："小刚，怎么这里没有声调呢？"

"这里没有，是因为声调在这里不重要，汉语拼音的字母此时才是最重要的。"

"这么说，拼音输入法是根据汉语拼音规则来输入汉字的。"

"是的，方言在这里就用不上了！"

"这是拼音输入法的优点。在中国，地广人多，存在许多方言，比如，上海人说上海话，广东人说广东话，湖南人说湖南话，来自全国各地的人们走在一起，如果他们只说方言，谁能听得懂呢。不过，中国人写字都一样，都写汉字。"

"你说得没错，我根本就听不懂上海话。"

"所以，拼音输入法对推广普通话有促进作用。"

"小刚，你刚才打字太快，我还没有看清楚。你能再输入一次吗？"

"好的。汉斯，你看，我输入r、e、n三个字母之后，在屏幕上会显示出多个汉字，在每个字的前面都有一个数字序号。在'人'字前面有数字1，如果我选择1，就能写入'人'字了。"

汉字输入（陶翠屏　摄）

"真奇妙！输入字母，就能写出方块字来。"

"汉斯，刚才说ä、ö、ü和ß只存在于德语中。"

"对呀。"

"那么，你怎样用德文的键盘输入英文呢？"

"我可以用一个指令就让它们相互转换。"

"那你怎样辨认德、英文键盘呢？"

"这好办，你只要输入Z与Y这两个字母。"

"怎么讲？"

"德文键盘的'Y'字母位置是英文键盘的'Z'位置。"

"哦，那这么说，英文键盘正好相反。"

"对呀。"

"这还真是一个辨认德、英文键盘的好办法。"

汉斯提议道："小刚，也让我来试一试拼音输入法吧。"

"好呀！你来试试。"

他们两人在计算机前开始用拼音输入法写汉字了。汉斯兴奋极了，他用计算机有十多年了，还是第一次用键盘输入汉字，这给他带来了无比的喜悦。

# 文房四宝指哪四宝？

王小刚家的书房墙壁上挂满了字画，书桌上堆满了毛笔和纸张。汉斯早就对这些东西产生了兴趣，总没找到合适的机会问个明白。这一天是星期天，王小刚的父亲正在书桌上写什么，汉斯好奇地走到书房门口，用手轻轻地敲了敲门，王小刚的父亲抬头一看，是汉斯，便道："请进，汉斯。"

"王叔叔，您在写什么呢？"

"我在练毛笔字。"

"毛笔字？"

"哦，你还没有见过写毛笔字吧？"

"是的，这是第一次。"

"你看，毛笔字就是用毛笔写字。"王小刚的父亲将手中的毛笔递给汉斯看。汉斯接过毛笔，正想用手去摸毛笔的笔尖，王小刚的父亲制止了他："汉斯，上面有墨，不要用手去摸！" 王小刚父亲的声音还没落，汉斯的手已经碰到毛笔的笔尖上，弄得一手的墨，手指已是黑糊糊的。汉斯笑着对王小刚的父亲说："我就是想知道这毛笔的笔尖是用什么毛做的?"

"汉斯,你快去洗个手吧。"

"王叔叔,没有关系,反正现在手弄黑了,我等会再洗吧。"

"还是先洗一洗手吧,你好去摸一摸那些干净的毛笔。"

汉斯把手洗干净之后,王小刚的父亲向汉斯解释说:"这支毛笔称为宣笔,用兔毛做的。"王小刚的父亲指着桌上挂着的一排从小到大的毛笔说:"这支毛笔我正在用,有墨在上面,你去那里拿一支笔,可以用手摸一摸。"

汉斯随便拿下其中一支笔,手在笔尖上摸来摸去,感觉它既柔软又有弹性。王小刚的父亲见汉斯拿着毛笔不离手,便问道:"汉斯,你想不想试一试?"

"好哇!"汉斯高兴得不得了。

于是,王小刚的父亲将一张宣纸放在桌面上,在宣纸的两个角上压着两块石头,他叫汉斯:"汉斯,你过来呀!我都帮你准备好了。"

汉斯慢慢地走到桌前,用手摸了一下纸,它与平时用的纸大为不同,他问道:"王叔叔,这是什么纸?手感、形状、颜色与我们写字的纸不同呀!"

"这不是一般写字的纸,它是专门用来写毛笔字的。"

"它有名字吗?"

"它叫宣纸,因为它产于安徽省泾县,泾县在唐代时,属于宣州管辖,故此得名宣纸。"

"哦,那为什么用宣纸作为写毛笔字的纸呢?"

"你自己在上面写个字,就知道它有什么特点了。"

汉斯手持毛笔,蘸了一点墨,先在普通纸上写了一个'人'字,然后在

文房用具（陶翠微 摄）

宣纸上写了同一个字，他发现，宣纸与其他纸相比，吸水能力强，他喊了一声："太有趣了！"

王小刚的父亲继续解释道："你看，你将这两者进行比较，在一般纸上写毛笔字，它不吸水，在宣纸上则不同，写上去的毛笔字，深浅浓淡分明，具有毛笔字的特点。"

"这真是奇妙得很！王叔叔，我想学写毛笔字。"

"写毛笔字可不是一件容易的事。"

"王叔叔，您能告诉我，它需要哪些条件吗？"

"我想至少有三条。第一，要有文房四宝。"

"什么是文房四宝呢？"

"文房四宝是指笔、墨、纸、砚。"

"笔和纸，这两样东西，一听就明白，墨指黑色颜料，一看就知道。"

"汉斯，关于'墨'我要补充一下。我们现在一般使用这种瓶装的墨汁，可以用毛笔直接蘸取，很是方便。其实严格来讲，文房四宝中的'墨'指的是墨锭，那是一种经过复杂工艺制成的墨块。使用时，需要蘸水，将其放置在砚台进行摩擦，直至形成黑色的墨汁。"

"哦，我知道了，那砚台就是用来磨墨的。"

"嗯，你很聪明，汉斯！"王小刚的父亲夸奖道，"你看，这就是砚台，一般是用石头制成的，还可以雕刻出各种花纹作为装饰。"

"那么第二条呢？"

"第二，要想学。"

"这个没问题。"

"那么第三，要有毅力。毛笔字不是一两天便可以学成的。我从八岁开始学写毛笔字，一直到现在，我还在练习，还没有学成呢。"

"您都学了这么长时间,毛笔字写得这么好看,您还要练?"

"当然要练,应该每天练,我现在没有达到这一条。写毛笔字是没有终点的,书法本就是门艺术,要练一辈子。所以,你得好好想一想。小刚没有这个毅力,他学不好。"

"那我还真要好好想一想。王叔叔,谢谢您对写毛笔字和文房四宝的解释。"

"不用客气,我很乐意做这事。汉斯,我希望,你在我们这里,能更多地了解中国,将来做一名东西方文化交流的友好使者。"

"王叔叔,我会朝着这个方向去努力的。"

汉斯随后哼着歌,拿着他写的毛笔字,离开了书房。

## 你知道"六尺巷"的故事吗?

王小刚的学校有一个计算机房。有一天,王小刚和汉斯他们班下课早了一点,王小刚和汉斯马上去了计算机房,他们俩各占了一台计算机。随着其他同学陆陆续续地到来,机房里的人越来越多,直到每台计算机前都有了人。没过一会,听到有人开始争吵了。

"张三,你怎么坐在我的座位上?"

"李四,这上面写着你的名字吗?"

"我先来的。"

"我来时,这里没有人啊。"

"我刚才上厕所去了,你看,我的东西还在这里。"

"不管怎么样,我来时,这里位置是空的。"

"张三,先来后到,你得讲道理啊!"

"我怎么不讲道理了?"

张三和李四争吵不休,说着说着,两人开始动手打架,闹得大家不得安宁,有的看热闹,有的去找老师。

有同学叫来了老师，老师一进门，大喊一声："住手！"

张三和李四听见老师的声音，他们停住了手。老师走上前拉开张三和李四，问道："谁先动的手？"

张三指着李四，说："是他。"

李四指着张三，说："是他。"

老师接着问："好了，你们都是高中生了，有什么事不会讲道理，为什么要动手打架呢？"

张三和李四两人相互看了一眼，没有吱声。

老师问道："你们听说过'六尺巷'的故事吗？"

有些人点头，有些人摇头。

老师看到这一情景，说道："既然大多数人没有听说过，那我现在讲一讲这个故事吧。"

于是，同学们围到老师的身旁。老师开始讲"六尺巷"的故事了。

"故事发生在清代康熙年间安徽桐城，大学士张英老家的亲戚与吴姓一家为邻居。"

"老师，我知道，吴家盖房子，要用他们与张家之间的三尺空地。张家认为这地属于自己的，吴家说是他们家的，两家为此争执不下。"

"后来张家给张英写了一封信，想用张英的权力和地位来压吴家。张英接到信后，写了回信。它是一首诗，你们有谁知道这首诗？"

"老师，我知道。"

"那你说出来，让大家听一听。"

"千里修书只为墙，让他三尺又何妨？万里长城今犹在，不见当年秦始皇。"

"后来呢？"有同学问。

"张家按张英的回信，给吴家让出三尺空地。吴家因张家的举动而感动，也让出三尺地。所以，在两家之间出现了六尺宽的一条巷子，人们称它为'六尺巷'。"

　　顿时，同学们议论开了。这时老师又问道："这'六尺巷'的故事说明了什么？"

　　"宽容。"

　　"谦让。"

　　说着说着，张三和李四都低下头。张三说："对不起，李四，是我抢了你的座位。"

　　李四接着说："对不起，张三，是我先动手打了你。"

　　老师说："这就对了，以后你们要心胸开阔，严以律己，宽以待人。不能忘记中华民族的美德呀！"

　　汉斯看到了这一切，"六尺巷"的故事让他更了解中国人。人们将宽容、谦让的故事写入书中，一代一代传下去，教育年轻人。不仅要记住，还要自己做到，真了不起啊！

# 绿茶、红茶和乌龙茶的区别在哪儿？

国庆节快到了，汉斯和王小刚两人格外高兴，因为国庆节有一周的假期，王小刚的父母已决定开车去杭州玩几天。

中国有一句名言："上有天堂，下有苏杭。"苏杭的"苏"指苏州，"杭"指的就是杭州。汉斯没有去过杭州，他想知道，杭州有怎样的美能与"天堂"相比。

这天早上，为了避免去杭州的路上堵车，王小刚一家和汉斯起得很早。他们出门时，天才蒙蒙亮。汉斯和王小刚一上车，没过一会儿，他们两人就在车上睡着了。

过了好一阵子，太阳出来了，阳光透过车窗照到汉斯和王小刚的脸上。这俩孩子几乎同时不自觉地睁开眼睛，王小刚问他的母亲："妈，快到了吧？"

王小刚的母亲答道："快到了，大约还有二十来分钟吧。"

这时，汉斯看着窗外，喊道："小刚，你看，山上有好多树，那是什么树？"

"那是茶树。杭州出产的茶叶，属于中国四大名茶之一。"

"这茶叶叫什么？"

"西湖龙井。"

"你爱喝西湖龙井吗?"

"当然喜欢,它是我最爱喝的茶。"

"为什么?"

"我爸爸妈妈都爱喝它,潜移默化,时间长了,我也跟着爱喝了。"

"我还没有喝过。"

王小刚的母亲插话说:"这没有关系,到了杭州,你不用愁没有喝西湖龙井茶的地方。"

这话真让王小刚的母亲说准了,他们在杭州入住的旅馆就提供西湖龙井茶。

在泡茶时,王小刚的父亲说:"喝茶是有讲究的。"

汉斯马上问道:"有什么讲究?"

"不仅茶叶要优质,而且水质也要好。两者缺一不可。"

"哦。"

"你看,茶叶在水中漂浮着,然后慢慢地往下沉。"王小刚的爸爸把茶杯端起来:"汉斯,你来闻一闻,可以闻到一股让人难忘的清香味。"随后,他品了一口茶。

汉斯问王小刚的爸爸:"王叔叔,您喝茶不加糖吗?"

"加糖?"王小刚的父亲反问道。

汉斯解释说:"我们喝红茶一般加糖,有人还加牛奶。"

"那是你们西方人,中国人喝茶是不加任何东西的。否则,你喝不出茶的清香味来。"

"是吗?"

"不信,你来试一试。"

王小刚的母亲递给汉斯一杯茶,汉斯喝了一口,品尝了一下,他说:"王叔叔,您说得有道理。对了,您刚才说过西湖龙井是中国四大名茶之一,那其他三大名茶是哪些呢?"

"你这个问题,我很难回答。"

"为什么?"

"在中国,有数百种能说得出名的茶叶,不同的人根据自己的喜好,自然会排出不同的次序。"

"那就说说您的喜好吧。"

"我认为,可以这样定:西湖龙井、碧螺春、安溪铁观音、普洱茶。"

"西方人爱喝红茶,我听说中国人爱喝绿茶。您说的中国四大名茶都是

西湖龙井茶园(陶翠屏 摄)

绿茶吗？"

"当然不是，中国是茶的故乡，我说的中国四大名茶当中，有绿茶，有红茶，还有乌龙茶。"

"这绿茶、红茶和乌龙茶的区别在哪儿？"

"它们之间最大的区别在于它们的加工方式不同。"

"王叔叔，您能说得更详细一些吗？"

"茶叶的加工方式复杂，我就简单说一下吧，绿茶是不发酵的茶，保留了新鲜茶叶的天然物质，如西湖龙井和碧螺春。"

"那红茶呢？"

"红茶正好相反，属于全发酵茶，以茶汤显红色而著称，比如普洱茶。"

"我听说过，红茶、绿茶是以茶水颜色而得名。绿茶茶水以绿色为主调，红茶茶水以红色为主调。但我从来没有听说过乌龙茶。"

"乌龙茶，也称青茶，属于半发酵茶，它综合了绿茶和红茶的制法。据说，乌龙茶有药理作用，可以分解脂肪，具有减肥健美作用。铁观音就是乌龙茶。"

汉斯的注意力逐渐地转移到了茶杯里，他一直观察茶杯中的茶叶，茶叶逐渐展开，水的颜色渐渐变绿，清香味不断扑鼻。他学着王小刚的父亲，品尝了一口茶，这一口茶让得他跌入了西湖龙井的醉梦之中。

## 中国有哪些名菜系？

今天是王小刚一家和汉斯到杭州的第一天。王小刚的父母带着王小刚和汉斯到西湖游玩，他们还借了自行车。万万没有想到，他们没骑多远，路上的人越来越多，根本没法骑自行车了，只好从自行车上下来，推着自行车行走。当他们靠近西湖时，人多得不得了。王小刚的父亲看到这情景，提议道："算了，我们今天不去七孔桥了，干脆去划船吧。"

王小刚和汉斯不约而同地喊道："好哇！"

于是，他们把自行车放到自行车停车区域，步行前往租船处。尽管这里排着长队，但可以望着边，卖票速度也快。不一会，王小刚的父亲买好了划船票，他们上了船。就这样，他们在西湖划了一个多小时的船。大家玩得很开心，上岸后，王小刚对他母亲说："妈妈，我的肚子正在咕咕叫，现在该吃午饭了吧。"

汉斯点头表示赞同。

王小刚的母亲说："好吧！我们最好先去市区，那儿的餐馆多，选择余地大，人也比这里少一些。"

他们取了自行车，骑车进入杭州热闹的市区。王小刚的父母带着王小刚和汉斯走进了一家餐馆。这是一家湘菜餐馆。王小刚的父母找到一张空桌子，他们围着坐了下来。王小刚的母亲点了菜，菜饭很快上齐。汉斯吃得津津有味，他对王小刚的父母说："我还以为中国菜的特点就是酸甜，没想到还有辣味呀。"

"为什么你会有这样的想法呢？"王小刚的母亲问道。

汉斯解释说："在欧洲中国餐馆吃的味道大多数是酸甜味，我还以为这是中国菜的特点，看来我完全误解了。"

"中国地域辽阔，南北差异大。南边吃大米，北边吃面食。要说菜系，那就更多了。"

"王叔叔，您能告诉我，中国有哪些名菜系吗？"

"中国的菜系有许多，由于气候、地理、历史、物产及饮食风俗的不同，饮食文化中南北菜肴风味就表现出各种差异，开始形成北咸南甜的局面，逐步发展到鲁菜、川菜、粤菜和淮扬菜。"

"哦，这就是中国四大菜系吧。"

"是的，随着菜肴风味的进一步发展，又增加了浙菜、闽菜、徽菜、湘菜，这些与前面所讲的四大菜系合起来，统称为中国八大菜系。"

"中国八大菜系都指哪些地方的菜啊？"

"它们是：

 川菜—四川；

 鲁菜—山东；

 粤菜—广东；

 淮扬菜—江苏；

 浙菜—浙江；

丰盛的午餐（陶翠屏 摄）

闽菜—福建；

湘菜—湖南；

徽菜—安徽。"

"汉斯，你知道这家餐馆是属于哪个菜系吗？"王小刚的父亲问。

"不知道。"汉斯回答道。

王小刚的父亲继续问汉斯："你吃出什么味道了吗？"

"味道香，口味辣，特别是这腊肉，味道好极了。"汉斯不假思索地回答道。

"这就对了，它就是湘菜的特点。"王小刚的父亲点了点头，赞赏地说道。

"哦。在德国的中国餐馆真是误导了我,我得拍几张照片,给我父母和妹妹瞧一瞧,什么是真正的中国菜。"

汉斯拍照后,马上用手机发给了他的父母。没一会,汉斯收到他父母的回复:"汉斯,你真有口福哇!这么好吃的菜,把我们馋得恨不得马上飞到中国了。"

汉斯将这话转告了王小刚一家三口,他们都高兴地大笑起来。

## 世上有阴阳之分吗？

到杭州的第二天，王小刚的父母想到昨天在杭州旅游的人太多，决定到附近的乡村去玩一玩，那里人少，空气又好，可以好好地放松一下。他们吃完早饭之后，王小刚的母亲问道："汉斯，小刚，今天我们到乡村去吧，那里不会有那么多人。"

她的话音刚落，汉斯立即举手赞成："好主意！我还没有见过中国的乡村，趁这次机会，走一走，看一看。"

王小刚也发表了自己的看法，说："我也赞成。"他对汉斯说："在乡间小路上走，会别有一番风趣了。"

他们四个人赶紧收拾好行装，坐上了小汽车。一路上房子越来越矮，山越来越近，田越来越多。王小刚的母亲对王小刚的父亲说："我们就在这附近找一个地方，你看如何？"

"好哇，这地方风景不错。"

在一块空地上，王小刚的父亲将车停了下来，大家都下了车。汉斯环绕四周一看，这地方真漂亮，三面环山，山上一望无边的竹林，不时，传来一阵阵狗叫声，远处能看见一栋栋土砖房。他深深吸了一口气，感受到从来没有过的新鲜感，还没有等他吸够这乡间新鲜空气，王小刚拉着汉斯的手，说："汉斯，你看，山顶上有一个亭子，我们比赛，看谁第一个爬上去。"

"好哇！走！"

这两个伙伴二话没说，就往山上跑，一转眼，他们已消失在竹林山中。

王小刚的父母亲赶紧将水果、饼干和水放入双肩包内，跟着他们后面追去。

汉斯和王小刚两人你追我赶，谁也不服谁，跑到了半山腰，他们实在没有力气了，只好停了下来。正想休息一会，突然一种奇怪的叫喊声，他们听不清楚在说什么，朝声音方向看，被竹子和树木给挡住了，什么也看不见。汉斯说："小刚，你想不想知道，这是什么声音。"

"想知道。"

"那我们去瞧一瞧，好吗？"

"好吧。"

于是，他们俩好奇地顺着这个声音方向走去。这声音越来越大，还能闻到一股烟味。他们走近一看，原来是一座墓地，有几个人在一个**墓碑**前烧什么东西。汉斯不解地问王小刚："小刚，他们在烧什么？"

"他们在烧纸钱。"

"纸钱？"汉斯头脑里冒出一个问号，又一个问号。

"这不是真正用的钱。"

"为什么他们烧纸钱呢？"

"这个问题我还回答不上来，等一会，你问我的父母吧。"

这几个烧纸钱的人当中，有两位大人，他们带着两个小孩。汉斯从旁边仔细观察这几个人，他们在墓碑前摆着几盘东西，有水果，有点心，他们手中还拿着点着的香。

这时，王小刚父母终于追上了他们。汉斯迫不及待地走上前去，问王小刚的父亲："王叔叔，他们为什么要在墓碑前烧纸钱呢？"

王小刚的父亲喘了一口气，慢慢地回答道："烧纸钱是为了让死去的人在阴间用的。"

"哦？"

王小刚的父亲从汉斯脸上的表情中看出，汉斯没有懂他刚才说的话，便解释道："古时的人将这个世界分成两个部分：一个是阳间，另一个是阴间。"

"世上还有阴阳之分吗？"

"他们认为，人活着的时候，生活在阳间，如果人去世了，他并没有离开这个世界，只是到阴间生活去了。就像你们西方人说的天堂。其实也就是一种心理安慰，总感觉亲人并未离开。"

"原来是这样。"

"扫墓是中国人的习俗。这种烧钱纸、放供品的行为正是寄托了他们对逝去亲人的思念之情。"

"好了，我们得赶路，看谁先爬上山顶，谁第一个达到那个亭子，谁就是今天的冠军。"

"好哇！"汉斯和王小刚不约而同地喊道，两人飞快地往山上跑去。

## 什么是对联？

汉斯与王小刚一家终于爬到山顶了。山顶上有一座亭子，亭子不大，可它因为所在的海拔高度高，站在里面可以看得很远。他们走近亭子，亭子的柱子上面写着一副对联。

汉斯看着对联，似乎在想什么，王小刚的父亲看着汉斯那模样，便问道："汉斯，你对上面的字感兴趣吗？"

"这是什么？为什么还写在亭子的柱子上面？"

"这叫对联。"

"什么是对联？"

"简单来说，对联是写在纸上、布上或刻在竹子、木头、柱子上的对偶语句。它分上、下联，有时还配有横批。"

"王叔叔，您看，这对联怎样读法？"

"这个问题问得好。"

"这对联肯定是从上往下读。但我不知道，这对联是从左边柱子开始读，还是从右边柱子开始呢。"

"在古代，人们书写遵循这样一个规则，从右往左，自上而下。因此，对联上联必定在右边，下联在左边。"

"为什么现在读的顺序有所不同呢？"

"如今由于书写习惯的改变，从过去的从右往左，改成现在的从左往右，所以，有些对联把上联放在左边。"

"原来如此。王叔叔，这个柱子上写的是什么？"

"小刚，你来念给汉斯听吧。"

王小刚看着亭子的柱子，念道："这上联是：此木是柴山山出。这下联是：因火成烟夕夕多。"

"我只认识几个字，不明白这对联的意思。"汉斯继续说道。

王小刚的父亲回答道："这是一副拆字联。"

"什么是拆字联？"

"拆字联就是多个字合成一个字。在这里是二字合为一。你看：

　　此＋木→柴（上下结构），

　　因＋火→烟（左右结构）。"

"我认识两个'山'重叠是'出'，两个'夕'重叠就是'多'，对吗？"

"对呀，即

　　山＋山→出，

　　夕＋夕→多。"

"这可是文字游戏。"

"这副对联是用文字游戏写成的，不过同时也说明这里山上出柴，给这里带来了人间烟火。我给你们讲个故事。"

"好哇！"汉斯和王小刚两人都挤到王小刚父亲旁边，细听着他的讲述。

王小刚的父亲首先问他们:"你们相信对联可以招揽生意吗?"

汉斯和王小刚两人同时摇了摇头,异口同声地说:"不相信。"

"有一家茶酒馆,自从开张以来,没有几位客人光顾,茶酒馆的老板天天发愁。有一天,来了一位书生,他口渴,肚子又饿,却身无分文。"

汉斯问:"那他怎么办呢?"

王小刚说:"他是不是给老板写了一副对联?"

"让小刚猜中了。自从这副对联挂在茶酒馆门前,茶酒馆生意兴隆,客人络绎不绝。"

"爸爸,这书生写了什么呢?"王小刚追问道。

"这书生写道:

为名忙,为利忙,忙里偷闲,喝杯茶去;

劳心苦,劳力苦,苦中寻乐,拿壶酒来。"

"我明白了,正因为这副对联,吸引了路过的行人到茶酒馆喝茶、品酒、吃饭。"王小刚对他父亲说。

汉斯一下子想到什么,他问王小刚的父亲:"王叔叔,这对联有什么特点呢?"

"对联要求上、下联字数相等,字音讲平仄协调,词语要相对,上、下联的意思要有一定联系。它是汉语

贴在门上的春联 (陶翠屏 摄)

独特的艺术形式。"

"对联有哪几种形式？"

"它有春联、喜联、挽联和一般对联。"

"哦。"

"春节时期，中国人常在家门口贴春联。在结婚大喜的日子，在新婚房门贴喜联。有人离开人世，在追悼会上，挂着挽联。"

"真有趣，在西方也有文字游戏，但没有形成像中国对联这样的文化形式。"

"是的，对联是中国特有的一种文化形式，深受人们喜欢，喜闻乐见。"

汉斯听完王小刚爸爸的讲解后，感到中国古老的文化、中国人的聪明才智正深深地吸引着他，使他更加坚定了学习中文的决心。

## 世界上最长的古代运河在哪里？

今天，是汉斯和王小刚一家三口在杭州的最后一天。王小刚的父母打算买些东西，一方面自己用，另一方面送给他们的亲朋好友。

汉斯也想给他的家人买点纪念品，但他不知道买什么东西好。他问王小刚的母亲："杨阿姨，我不了解杭州有些什么特产。我想买点礼品，您能当我的参谋吗？"

"当然可以。汉斯，你知道，你父母亲喜欢什么吗？"

汉斯无可奈何地回答道："可惜，我不太清楚。杨阿姨，杭州有什么特产？"

王小刚的母亲想了一会，说："杭州有许多特产，比如西湖龙井茶，还有闻名于世的丝绸。对了，给你父亲母亲各买一件丝绸衣服，你看什么样？"

"这是一个好主意。"

"那好，我们先去丝绸店吧！"

在杭州大街小巷中，有各种各样的丝绸店。店里摆放着衣服、被单、围巾，还有地毯等等，产品名目繁多，数不胜数。

王小刚的母亲问道："汉斯，你爸爸妈妈有多高？"

"我妈妈1.75米，我爸爸1.89米。"

"他们是胖，还是瘦？"

"大约中等身材。"

"哦。"王小刚的母亲在商店里左看看，右看看，要想买到合汉斯父母心意的东西，不是一件容易的事。

他们走了好几家丝绸店，都没有看见合适的。

王小刚的父亲说："买衣服不知道尺寸，那很难买到合适的。"

汉斯点了点头，他赞成王小刚父亲的观点。

王小刚的母亲建议道："汉斯，你看，给你父母每人买一条丝绸围巾如何？"

"好哇！"汉斯的脸上一下子露出了笑容。

杭州西湖全景（陶翠屏　摄）

于是，他们很快买到了汉斯送给他父母的礼物，王小刚的父母也完成了他们的购买任务。东西买全了，他们各自提着大包小包往酒店方向走。走着走着，汉斯突然想到什么，他问王小刚："我听说这里有一条大运河。"

"是有一条大运河的起点是这里，终点是北京。"

"它叫什么名字？"

"它叫京杭大运河。'京'指的是北京，'杭'指的是杭州。"

"京杭大运河在什么时候修建的呢？"

"据说，它是世界上最古老的运河之一，已有两千多年历史。"

"这条有两千多年历史的古老运河有多长呢？"

"它全长近一千八百公里。"

汉斯又问："世界上最长的古代运河在哪里？"

王小刚不假思索地回答道："远在天边，近在眼前。京杭大运河就是世界上最长的古代运河。"

"哇！没想到啊。"

"京杭大运河流经浙江、江苏、山东、河北四省及天津、北京两个直辖市，还贯通长江、黄河和淮河三大河流。"

"这是一项很了不起的工程呀！"

"没错，它与长城、坎儿井并称中国古代三项伟大工程。"

"你能带我去看一看京杭大运河吗？"汉斯恳切地望着王小刚，问道。

王小刚爽快地答应说："没问题，我跟我爸爸说一声，明天回上海时，可以先到京杭大运河最南端去瞧一瞧。"

"小刚，太感谢你了。"

"不用谢。我们得加快步伐，跟上我父母，好回旅馆吃饭。"

他们两人急匆匆地追赶着王小刚的父母亲。

## 高速公路上车子抛锚怎么办？

今天一早，汉斯与王小刚一家三口离开了杭州。在回上海的路上，他们顺便参观了京杭大运河的最南端，还绕道去看了一个家族祠堂。一路上没有遇到堵车，旅途顺顺当当。汉斯和王小刚在车上议论着什么地方最好玩，他俩总有说不完的话，议不完的事。汽车行驶在高速公路上，汉斯问王小刚："这里的高速公路限速吗？"

"我不知道，我没有驾照，不关心这类事，这你得问我爸爸。"

王小刚的父亲答道："是的，对于小型载客汽车不得超过每小时120公里。"

"哦。"

"在德国呢？高速公路上开车也限速吗？"

"在德国高速公路上开车一般是不限速的，只有在车流量太大的时候才会限速。其实，那个时候，即使你想开快，也快不起来啊。"

"汉斯，你怎么对开汽车了解得这么清楚？"

"这是我在驾驶学校学来的。"

"什么？你已经有了驾驶执照？"

"是的，我刚满17岁不久，就有了过渡阶段的驾驶执照。等到我满18岁时，就可以换成真正的驾驶执照了。"

"那你现在就可以开车吗？"

"当然可以，只要是有执照，并且有无不良开车行为记录的成年人在旁边坐着。就是不能单独开车。"

"哦。"

"还有这位成年人必须超过30岁。"

"这倒是一个新鲜事呀！17岁就可以开车，还不是成年人，不怕出车祸吗？"

"正好相反，旁边坐着的成年人常常提醒像我们这样的新手，在什么情况下，要注意什么。他们把自己的开车经验，传授给年轻人，这大大提高了17岁年轻人开车的安全性。"

王小刚的父亲接过话，说："我猜想，在这些年轻人当中，车祸率一定很低，对吗？"

"王叔叔，您猜对了。"

他们说着说着，忽然听到汽车声音不对头，发动机熄火了。这一下子，大家都傻了眼，离上海还有五六十公里路，汽车在路上抛了锚，这可怎么办？

大家下了车，一起把小车推到公路边上。

"还从来没有发生过这样的事。"王小刚的母亲着急地说着。

"没关系，打个电话给修车公司吧。"王小刚的父亲轻松地答道。

汉斯奇怪地问道："在高速公路上没有SOS呼叫器吗？"

王小刚的父母异口同声地说："没有。"

高速公路上车子抛锚怎么办？

"高速公路上抛锚怎么办呢？"

"打电话，叫修车公司来。"

王小刚的父亲拿着手机，开始打电话，瞧他脸上的神情，看来不太顺利，只见他一个接一个打，没有一个有结果。他们正在犯愁时，有一辆白面包车在他们前面停了下来，从车上下来一个年轻的小伙子，他问："出了什么事？是不是车子抛锚了？"

"熄火了，不知道什么原因。"

小伙子仔细检查了一番，他告诉王小刚的母亲："汽车没有油了。"

高速公路休息站（陶翠屏　摄）

王小刚的母亲睁大眼睛大叫一声："什么？没汽油了？"

"您看，汽车油箱是空的。"他把一根棍子塞进油箱，然后拿出来一看，棍子上没有一点油的痕迹。这位年轻人问道："你们要到哪里去？"

"我们回上海。"

"这好办，我车上还有一桶汽油，给你们加上。我想，你们可以到上海，或者到下一个加油站再加油。"

王小刚对他爸爸大声喊道："爸爸，爸爸，快来呀！我们有办法了。"

王小刚的父亲马上放下手机，跑过来一看，小伙子正在给他的车加油。加完油后，小伙子说："试一试，看看行不行。"

王小刚的父亲上车发动，发动机声又响了起来，大家高兴地大声叫着，两个孩子都跳了起来。

"太好啦，我们马上可以回上海了。"

他们一下子围着这个小伙子："太感谢您了。"

"您可帮了我们一个大忙。"

"差点忘了，多少钱？"

"先生，您太见外了。不要钱。"

"不管怎么说，这油钱我们得付吧。"王小刚的父亲从钱包里。拿出钱来，给那个小伙子，小伙子坚决不要，说："不用了，这种事在高速公路上常见，我以前也接受过别人的帮助。"

他说完转身上了自己的车，开车走了。王小刚一家和汉斯都很感动。是呀，助人为乐，人家会记住你一辈子。汉斯默默地祝福这个小伙子一辈子平安，走好运。

## 高考有这么重要吗?

汉斯和王小刚一家从杭州旅行回到上海的第二天,王小刚的母亲就开始催促王小刚学习。她没有直接说,只是问王小刚:"小刚,国庆节这几天你玩得开心吗?"

"妈妈,玩得开心!"王小刚回答道。

"国庆节的假期快要过去了,现在该是读书的时候了吧。"

王小刚乖巧地说:"妈妈,我知道了。"他转身走进书房,看书学习去了。

这一幕汉斯看在眼里,记在心上。尽管自己比王小刚大两岁,好玩是孩子们的天性,为什么王小刚这么听话,难道他就不想玩吗?汉斯揣着一肚子的问号,带着好奇心,仔细观察王小刚和他的母亲。他好想知道这是为什么,但他知道,他必须等待合适的时机才行。

吃完晚饭,大家坐在电视机前看新闻。每天晚上七点钟中央电视台播放《新闻联播》节目,它是王小刚一家雷打不动看新闻的时间。全家围在一起,边看新闻边聊天,各自叙述一天中发生或者看见的新鲜事。王小刚的父

在考场外焦急等待的高考考生家长（陶翠屏 摄）

亲问："小刚，今天学习了没有？"

"**爸爸**，我今天看了书，学习了英文。"王小刚张开口回答他父亲提出的问题，两眼却盯着电视。

汉斯马上意识到，这是一个最佳时机，轮到他提问题了，他立即插话说："小刚，**离**上学还有两天，你不想出去玩一玩吗？"

王小刚看了汉斯一眼，无可奈何地说："我要为高考作准备呀。"

"你现在正在读高一，**离**高考还有两年。你现在就开始准备高考？是不是早了点呢？"汉斯不解地问道。

"不早啦，应该开始准备了，连我们老师都给我们**敲警钟**了。"

"哦。"

"所以，我没有那么多空闲时间，别说是玩，恐怕以后连睡觉的时间都要减少啰。"

"高考有这么重要吗？"

"当然重要，对于我们高中生来说，高考是一生的重要转折点。"

"这话说得太严重了吧。"

"如果我通过高考，上了好大学，大学毕业之后，容易找工作，以后前途无量。"

"若考不上大学呢？"

"以后也许会有许多问题。"

"你能说一说有哪些问题吗？"

"我列举几条：一是找工作不容易；二是如果有了工作，挣钱也不会多；三是大多数能找到的工作，是体力劳动，很辛苦。"

"没想到，中国的高考有这么重要，可谓是'一考定终身'呀。"

"难道德国不是这样的吗？"

"在德国，你拿到高中毕业文凭，就是这里的'高考'，用它，你便可以直接上大学了。"

"这倒省了高考，难怪你有那么多的爱好，又是踢足球，又是弹钢琴，还学中文。"

"我认为，上不上大学并不重要，重要的是一个人自身的能力。为什么你们认为只有上大学这一条路是'前途无量'之路呢？"

王小刚的妈妈开口说话了："汉斯，你知道嘛，在中国，无论是穷人还是富人，他们都尽自己最大的努力，让自己的孩子多念书，念好书。"

"读书上学是要花钱的，在西方也不例外。富人家想要孩子念书，我可以理解，穷人家没有钱，还供孩子念书，那是很困难的，为什么他们还要含辛茹苦供孩子上学读书呢？"

"上学读书会让孩子增长知识，上学读书可以改变孩子将来的命运，上学读书可以使孩子……"

王小刚父亲打断了王小刚母亲的话，他深有感触地说："人要好好读书学习，才能出人头地，成为读书人当中的优秀者。"

汉斯似乎明白了为什么王小刚能约束自己，放弃玩耍，专心致志学习了。

# 退休年龄到底是多少？

今天是国庆节放假最后一天，王小刚的外公外婆邀请王小刚一家以及其他家庭成员，到他们那里聚会。王小刚的父母平时工作忙，休息时间少，很少与长辈联系。国庆节假期，是一个难得的机会。王小刚的母亲还有三个兄弟姐妹，一个姐姐，一个哥哥，一个小妹妹，他们均在上海工作和生活。王小刚的外婆一招呼，大家都回家了。今天他们全都到齐了，十几口人来了，热闹得很。大人与大人交谈，小孩与小孩玩耍。另外，这次聚会还加上了一件事，那就是他们都想看一看这位"小老外"。

吃完了午饭，大家开始谈论这位"小老外"了。

一个说："没想到，这位'小老外'挺会用筷子的。"

另一个说："这孩子长得真高。"

"金头发，白皮肤，蓝眼睛，真漂亮。"

大家说着说着，王小刚的外婆问王小刚的姨妈："喂，你什么时候退休呀？"

王小刚的姨妈说："还有两个月啦。"

退休人员在公园里下象棋(陶翠屏 摄)

汉斯听到后，问王小刚："小刚，你姨妈今年有多大？"

"今年50岁了。"

"这么年轻就要退休了。"

"在德国不这样吗？"

"在德国，以前65岁退休，现在逐步改成67岁才能退休。"

王小刚大喊了一声："67岁才能退休？"

他的喊声惊动了其他人，他们也加入了讨论。

王小刚的外公问："汉斯，在德国人人都要到67岁才能退休吗？"

"是的，不过现在是过渡时期，退休年龄从65岁逐渐过渡到67岁，先是每年增加几个月，等到我退休时，一定早已是67岁才能退休了。"

"男的和女的都一样吗？"

"是的，没有男女之分。"

"哦。"

"这有点不科学嘛。"

"在中国，退休年龄与工作性质、与性别都有关系啦。"

"哦，听起来有点道理。"

"在中国，工人一般在50～60岁退休，干部在55～60岁退休。"

"为什么有50～60岁和55～60岁的区别呢？"

"这中间体现出男性与女性的区别。女工人退休年龄是50岁，男的60岁。"

"王叔叔，我知道了，女干部退休年龄是55岁，男的是60岁，对吗？"

"对的。"

汉斯发表自己的看法："这样有体力与脑力、男与女之间的区别，我认为比较合理，也比较科学。"

"为什么？"王小刚的外公问汉斯。

"体力劳动者,顾名思义用体力来工作。随着他们年龄的增长,体力会慢慢地衰退,脑力劳动者则不一定。同理,男女之间也一样,存在着不同。"

"汉斯,你说得对。"

"听说中国也开始搞退休改革了,要提高退休年龄。"

"随着社会的老龄化,出生率越来越低,必然会出现劳动力缺乏的问题,退休年龄提高不可避免。"王小刚的外公说。

王小刚的母亲对她姐姐说:"姐,你快要熬出头了。"

她姐姐答道:"说老实话,我还希望能再工作几年。"

"为什么?"王小刚的母亲没想到,她姐姐不愿意现在退休。

"你想,现在孩子大了,在家里待着,没有多少事干。有工作,有事干。退休之后,我还不知道如何打发时间呢。"

"这你就不用愁,人们常说,'车到山前必有路'。到时候,你会找到事做的。"

这时全家都笑了起来。可汉斯还在想,王小刚的姨妈五十岁就退休了,身体还很健康,这样有些浪费劳动力,难怪中国开始退休制度的改革,提高退休年龄了。

# "一日为师，终身为父"是什么意思？

今天是国庆节假期结束上课的第一天，语文老师换了一位新老师。听说，之前的语文老师张老师生了一个女儿。同学们在纷纷议论，要不要去张老师家看看。

"我听说，张老师在国庆节那天生的宝宝，我们应该去看一看她呀。"

"你知道，她还在医院吗？"

"这没有关系，我们打个电话问一问嘛。"

"我们这么多人，到医院不好吧？"

"不过，我们现在得买一件礼物，派几个代表送去。"

汉斯自告奋勇地报名，说："我去。"

"你去？"王小刚疑惑地问道。

"怎么不行，再说，这是一次了解中国人生活的好机会。"

"你说得没错。那好吧，让汉斯和王小刚一起去吧。"有人提议道。

大家一致同意，接着学生们开始凑钱，有的五块，有的十块，也有的一块，把钱集中在一起，可以给老师买一件礼物了。

"小刚，你们中国学生为什么对自己的老师这么热情呀？"

"汉斯，我不明白你问的问题。"

"是这样的，在德国，学生和老师之间的关系只能说是一般，没有像你们这里那么密切。"

"老师教得好，对学生负责任。如果我们考上了大学，不仅是我们的骄傲，也是老师和学校的荣耀。"

"你们的老师真得很负责任。哪个学生有问题，可以问老师，他们也积极回答。此外老师还主动询问学生有什么不解之处，他们尽力去帮助学生。"

"是的，我们班主任经常家访，与家长一起，共同解决学生存在的问题。"

"我想，他们很热爱自己的职业。"

"社会对老师的工作也是尊重和肯定的。每年9月10日为中国的教师节。"

"我所在的学校，学校每学期举行一次活动，邀请家长到学校去，与任课老师交谈。"

"老师与家长之间的交流少了点。也许，中国人有尊重老师的习惯吧。"

"哦，为什么中国人有尊重老师的习惯呢？"

"作为老师，他可以培养国家未来的栋梁，无论在中国哪一个朝代或时期都是如此。我想，这也是受孔夫子的影响吧！"

"这与孔夫子还有关系吗？"

"当然有。你知道中国人怎么形容老师的教育成果吗？"

"不知道。"

"桃李满天下。"

"什么意思？"

"就是比喻老师培养的后辈或所教的学生数量很多,分布到全省、全中国,甚至全世界。你说,老师有多大的威力呀!"

"桃李满天下。"汉斯默默地在心里重复了这句话,他自言自语地说:"形容得真好。"

王小刚继续说:"中国还有一句话,'一日为师,终身为父。'"

"这话怎么讲?"

"它的意思是,如果某人当你的老师一天,你应该终身将他当作自己的父亲般对待。换句话说,要尊重和善待老师。"

"我现在明白了,这就是为什么中国人对老师特别热情、特别亲切的缘故吧。"

"汉斯,你快要成为一个中国通了。"

"承蒙老师夸讲,我的王老师。"汉斯双手作揖,向王小刚行了一礼。

"谢学生汉斯一拜,免礼。"王小刚得意地说道,然后,他们俩捧腹大笑起来。

突然,王小刚停住笑声,说:"汉斯,我们差点忘了正事,现在要去市区买礼物。"

"对了,那我们赶紧走啊!"

于是,他们俩赶紧去市区了,为老师买礼物可不是一件小事。

## 什么是百日宴？

汉斯与王小刚从学校乘地铁来到上海热闹的市区，他们走在繁华的南京路上，关于给老师买什么样的礼物，两人意见不统一。

王小刚提议："我们给张老师的小宝宝买一件衣服吧。"

汉斯马上反对，说："我们去看老师，还是给老师买一束鲜花吧。"

"依我看，最好买一些水果，可以补充营养。"王小刚不甘示弱，又提出一条。

他们俩讨论来讨论去，谁也说服不了谁。最后两人决定，根据收到钱的数额并综合两人的提议，先买一件婴儿的衣服，要全棉的，然后买一束鲜花，多种颜色的，最后剩下的钱买苹果和荔枝。他们买齐东西之后，给张老师打了个电话，可巧今天张老师出院。他们直奔张老师的家。

汉斯和王小刚到了张老师家才知道，张老师已有一个七岁的男孩。现在又多了一个女孩，张老师一家人不知道有多高兴。学生来看望老师，其中还有一位外国学生，张老师感到特别意外，她没有想到，汉斯会来看她。

汉斯利用一切可以利用的机会，提出他不明白的问题，这次也不例外，

市场上出售的手工虎头鞋（陶翠微 摄）

他直接问张老师："张老师，我能向您提个问题吗？"

"汉斯，你问吧。"

"我听说，中国过去实行一对夫妇只生一个孩子的政策，否则要罚款。"

"这你都知道呀。"

"张老师，我还没有上小学时，认识了一位中国朋友。打那起，我开始对中国感兴趣了。"

"你们之间还有联系吗？"

"中秋节假期，汉斯还到北京，拜访了他的这位中国朋友。"王小刚插话道。

"哦。汉斯，我看得出来，你对中国有感情。你有什么问题，只管提吧！"

"您怎么能生两个孩子呢？那不会被罚款吗？"

张老师笑着打趣地说："没想到，汉斯对生孩子也感兴趣。"

汉斯不好意思地红了脸。张老师接着解释说："中国并不是一开始就实行独生子女政策，它是从上个世纪七十年代开始的。先是提倡一对夫妇生一个孩子，后来才全面推行独生子女政策。但从2015年开始，中国全面实施二孩政策。"

"哦，我倒没有注意到这一新闻。"

"现在中国人口老龄化，需要更多的年轻人嘛。"

"张老师，我可以提一个私人问题吗？"

"可以。"

"您为什么想生第二个孩子呢？"

"我和我丈夫都是独生子女，我们俩觉得孩子应该有个伴，他们将来就不会孤独嘛。"

"您不怕多一个孩子要多花钱吗？"

"抚养孩子是要花钱，从上幼儿园，进中学，到读大学。穷人有穷人的过法，富人有富人的生活。"

张老师的丈夫走过来，也加入了他们的讨论，他解释："我们俩都有工作，问题不大。再说，我们有一儿一女，正好凑成了一个'好'字，这多吉利呀！"

这时，张老师想到了什么，她与丈夫耳语了几句，然后对她的两个学生说："汉斯，王小刚，邀请你俩参加我女儿的百日宴，好吗？"

"好哇！"王小刚立刻爽快地答应了。

汉斯倒迟疑不语，然后他开口问："什么是百日宴？"

"汉斯，抱歉，我都把你当作中国人了。"张老师对汉斯耐心地解释说："在中国，初生婴儿一百天时，会举行家宴，请亲朋好友喝百日酒。"

"哦，为什么人们要设百日宴呢？"

"我想，是为了祝孩子长命百岁，图个吉利吧。"

"这是中国人的习俗吗？"

"是的。"

汉斯马上失望地回答道："感谢您的邀请，我也很想来，不过，一百天后，我已经不在中国了。"

"你瞧我这个记性，我差点忘了，到那时，你已经回德国了。不过，没有关系，你若以后有机会再来中国，欢迎来我们家做客。"

"好呀！谢谢！"

"就这么定了。"

大家都笑了起来。

汉斯在回家的路上，心里想着："好"字是人们向往的吉利字，一儿一女，就可以凑个"好"字，祝愿张老师和她的家人一切顺利。

## 长寿面该哪天吃？

明天是汉斯十八岁生日，他忙这忙那，早把这事忘到后脑勺去了。晚上，王小刚的母亲准备好面条，说是晚上吃面。汉斯感到奇怪，王小刚的父母都是南方人，通常他们中午在各自的单位食堂吃饭，晚上一般做米饭，另加上几个菜，今天晚上真是个例外。不过，汉斯也没有多想。

王小刚的母亲做好了晚饭，大声喊道："汉斯，小刚，你们快来吃饭喽。"

王小刚和汉斯放下手中的笔，走到客厅，他们看见桌上放着四碗热腾腾的面条，王小刚说："今天晚上吃面条，新鲜事呀。"

王小刚的母亲问他们："你们知道，今天晚上为什么要吃面条吗？"

两人都摇了摇头，异口同声地说："不知道。"

"那你们猜一猜。"王小刚的母亲还没有放弃，继续给俩孩子机会。

"是不是妈妈从哪里学来了做面条的新手艺？"王小刚猜说道。

"不是。你们再想一想。"王小刚的母亲抱着希望，继续说。

王小刚望着汉斯，汉斯望着王小刚，俩孩子都没有出声。

"那么，我给你们提示一下，好吗？"

"妈，您快说吧！"王小刚催促着说。

"明天是什么日子？"

汉斯说："明天就是一般的日子。"

王小刚应道："是呀，不是什么特殊的日子。"

王小刚的母亲实在没有办法，只好自己说道："明天是汉斯的生日啊！"

王小刚用手敲了一下脑壳，说："对呀！汉斯，明天是你十八岁生日。"

汉斯看了看自己手上的手表，很感激地说："我都忘记了，明天真是我的生日。杨阿姨，您还记得。"

王小刚恍然大悟，对他的母亲说："难怪今天晚上要吃面条，吃的是长寿面。"

汉斯问道："长寿面该哪天吃？"

"在过生日的前一天晚上吃长寿面，这是中国人的习俗，祝愿寿星长寿。汉斯，快坐下，吃吧。"王小刚的母亲催促着汉斯。

汉斯刚吃了一口面，发现碗底还有两个鸡蛋："杨阿姨，这面条里还有鸡蛋呢！"

"这就对了，长寿面里一定要有鸡蛋，祝愿你万事如意，一切圆满！"

"谢谢，杨阿姨。"

"汉斯，不用谢。你十八岁生日在我们家过，这是我们的荣幸。"

吃完面条，汉斯不知不觉地想起了他的父母和妹妹。王小刚的母亲看出了汉斯的心思，她对汉斯说："汉斯，明天找一个合适的时间，给你父母亲打一个电话。他们一定也很想你。"

"那太好了，谢谢您，杨阿姨。"

"汉斯，你不要客气。当父母的，没有不想自己孩子的，更何况孩子生日的这一天。你说，对吗？"

汉斯点了点头，然后，回他的房间继续做作业去了。

第二天，汉斯生日，他不仅得到王小刚一家送给他的生日礼物，而且还收到班上同学和老师送给他的生日礼物。中国人的热情友好，使他想到了孔子的一句话："有朋自远方来，不亦乐乎？"他们把我当作朋友，我也不会忘记他们的友情。

## 晨练或晚练必须加入体育俱乐部吗？

每天上学汉斯和王小刚都要经过一个公园。这个公园对于汉斯来说很特别，因为每天早上这里都聚集着许多老头儿和老太太。他们在这里打太极拳，舞扇子，或者玩花剑，让汉斯开了眼界。

汉斯有时间总站在旁边观看，恋恋不舍。久而久之，他萌生了加入他们的想法。有一天，汉斯和王小刚又经过这个公园，汉斯把自己的想法告诉了王小刚，他问王小刚："小刚，这些老年人每天做的是什么操呀？是在练功夫吗？"

"他们在做健身操，打太极拳。"

"这里的晨练或晚练必须加入体育俱乐部吗？"

"我想，不用吧。"

"哦，他们是太极拳协会的成员吗？"

"不是的，他们没有正式的组织，完全是这些老人家自发组织的。"

"自发组织的？"汉斯不可思议地问道。

"是呀，他们是为了锻炼身体才走到一起的。"

"用不用交钱呢？"

"具体什么情况，我也不太清楚。我看见他们每天早上都在这里锻炼，习以为常了。"

"小刚，我们可不可以问一问？"

"汉斯，今天我们没有时间了，要赶紧去上学。等到明天再说，好吗？"

"行，我听你的。说不定我们明天也可以加入他们的行列。"

第二天是星期六，汉斯和王小刚起了个大早。王小刚的母亲感到奇怪，就问王小刚："小刚，今天是周末，又没有课，你和汉斯怎么起这么早呀？"

"妈妈，今天我和汉斯约好了，去我们家门口的公园参加体育锻炼。"

"好哇！"王小刚的母亲高兴得合不上嘴。她非常支持他们，因为王小刚周末一向爱睡懒觉，还从来没有这么勤快，起过这么早。

汉斯和王小刚匆匆忙忙地收拾了一下，穿上运动服，去了公园。他们去得早，王小刚便问站在旁边的一位大妈："大妈，您好！我想跟您打听一件事。"

"你说吧。"

"你们在这里锻炼需要报名吗？"

这位大妈看见王小刚和"小老外"汉斯，笑着反问道："噢，你们想参加？"

"是的，需要报名吗？"王小刚迫不及待地继续问着。

"不用，只要愿意参加，就来吧。"

"要交钱吗？"

"也不用。"

"那你们每天什么时候开始呢？"

"每天早上6:30至7:30。"

"都做些什么?"

"先热身,然后打太极拳,舞扇子,最后练太极剑。"

"难怪你们每人都带着一对扇子和一把剑啦。"

"你们俩是干什么的?"另外一位老人好奇地凑过来问汉斯和王小刚。

王小刚答道:"我们是中学生。"

"那'小老外'也是吗?"

"他也是,是我的同学。"

汉斯上前自我介绍道:"您好!我叫汉斯,来自德国。"

"瞧,这个'小老外'还会说中文喽。"

"你好!汉斯。"这位老人向汉斯伸出手,和他打招呼。

这时,响起了音乐,大家各就各位,开始做操了。汉斯和王小刚站在这些爷爷和奶奶后面,照葫芦画瓢,也开始做操了。

晚上跳广场舞的人们(陶翠屏 摄)

一个小时之后，锻炼完毕，负责放音乐的老人家走过来对汉斯和王小刚说："我知道，你们是学生，早上不一定有空。如果你们对我们的锻炼感兴趣，也可以晚上来。"

"晚上？"汉斯惊奇地问道。

"每天晚上19：00至20：00，我们在这里跳舞，来的人可多了，热闹得很。"

"好哇！我们可以来试一试，不过我们可能没有那么多的时间。"

"没有关系，我们以锻炼身体为主，来者不拒。"说完后，她收拾好录音机，走开了。

汉斯发现这些老年人锻炼身体的意识特别强，他后来得知，这些老人家每天都准时到场，风雨无阻，他不得不佩服起他们。

# 太极图的含义是什么？

汉斯自从跟着那些老人家打了一次太极拳之后，便对中国武术产生了浓厚的兴趣。他可想学了，但他又发愁。因为没有老师，他不知如何是好。这时，他自然而然地想到了他的好朋友——王小刚。王小刚现在不仅成了他的中文老师，还是他的"活字典"。他问王小刚："小刚，你知道哪里有武术学校吗？"

"武术学校？怎么，你想学武术？"

"我有这个念头，想去试一试。"

"你现在都18岁了，学武术是不是年纪大了一点。"

"你这话是什么意思？"

"在中国学武术，一般从娃娃开始，也就是说，小于10岁，否则，你学不好，当不了师傅的。"

"我又不想当师傅，只想了解一下中国的文化，比如，中国武术的基本思想、用途以及它的战术等。"

"如果是这样的话，你可以问我爸爸。"

"你爸爸？"

"是呀，我爸爸会一点武术，他小时候学过一些。"

"哦，那太好了。"

"不过，我爸爸已好久没有练了。你知道，学武术必须每天练习才行。"

汉斯迫不及待地转过身，走入书房，站到王小刚的父亲面前："王叔叔，您会武术，能给我讲一讲有关武术的知识吗？"

"汉斯，你听谁说的，我会武术？"

"小刚说的。"

"你不要听他胡说，我只是略知一点皮毛。"

"王叔叔，只要您讲一点有关武术的基本常识，我就很知足了。"

"那好吧，你有什么问题，我尽量回答。"

汉斯高兴地手舞足蹈，直截了当地问："中国的武术是建立在什么思想上？"

"汉斯，没想到，你的第一个问题，我就答不上来。"

"为什么？"

"因为你提的问题太大，我只能以我个人的理解，跟你解释了。"

"那也行。"

"汉斯，我先给你提一个问题，你见过太极图吗？"

"就是那张像两条黑白相交的鱼的图吧。"

"太极图从表面上看，正如你说的是两条黑白相交的鱼。它却内涵着中国古代的哲学，体现出阴阳概念，这一概念影响着许多领域，它也在中国武术方面得以应用。"

"哦。"

"我们的祖先把世界上任何事物分成阴与阳之间的关系。"

公共户外运动设施（陶翠微 摄）

"阴与阳？"

"比如，太阳属于阳，月亮属于阴。"

"我想，是因为太阳发光，月亮接受到太阳的光，对吗？"

"对的，再打个比方，如果你站在这里，太阳照着的这一面为阳，没照着的那一面为阴。它取决于你站着的位置不同，而确定了不同的阴与阳之间关系。换句话说，阴与阳之间的关系是可以转变，它们不会一成不变的。"

"阴阳概念还不是那么简单的呀。"

王小刚的父亲拿出笔和纸，画了一张太极图。他用笔指着这张太极图说："可以这样简单地说，太极图中将像两支黑白相交的鱼画到一个圆内，它表示阴阳合为一。为什么黑中有白，白中有黑呢？"

"您是说，白鱼中的黑点'眼睛'，黑鱼中的白点'眼睛'吧。"

"是的，它说明阴与阳可以相互转化。白中有黑点，它从小发展变大，从小阴转变成真正的阴极。"

"那黑中有白点？"

"它正好相反，从小阳转变成真正的阳极。"

"您讲得真有意思，它包含着深刻的哲学思想。"

"这是中国古代人发明的，我们通常称之为阴阳论。阴与阳既对立又统一。双方均衡统一为一体；若双方不均衡，必然发生斗争，相互对立而转变。"

汉斯看着太极图，问道："这太极图中的阴极和阳极大头与小尾有什么说法吗？"

"当然有，它表明每一件事物有一个自然发展规律，即生、长、衰、亡，它们循环不止。"

"有道理。"

"大头表示强，小尾表示弱。汉斯，你看，阴极大头处，必是阳极的小尾处。"

"是的，阳极大头处，必是阴极的小尾处。"

"还有一点很重要，它们之间是可以相互转化的。"

"王叔叔，今天我可是上了一堂生动且深刻的哲学课。"

"中国武术正是利用了阴阳论这一思想，进攻与防守可看作阴与阳之间的关系。进攻为阳，防守为阴。"

"非常感谢您，王叔叔。虽然我还没有完全明白您讲的内容，但我会去慢慢了解和体会中国文化、中国人的思想和生活。"

"汉斯，你说得对。我想，你一定能成为研究中国文化的学者。"

"王叔叔，谢谢您。"

晚上，汉斯睡在床上，满脑子想着太极图和阴阳论，仔细地琢磨着。他想，中国人真有智慧，中国有五千多年的历史，留下了多少灿烂的文化，多少丰富的思想，多少美丽与雄伟的建筑。想着想着，他慢慢地睡着了。

# 为什么乒乓球是中国的国球？

汉斯和王小刚就读的中学，除了操场可以活动外，在一个角落还有几张用水泥台做成的乒乓球桌，供学生使用。课间休息时，有男女学生拿着乒乓球拍，三五成群地围着乒乓球台打乒乓球。那里传来打球声、叫喊声，热闹极了。

在汉斯和王小刚放学回家的路上，有处户外公共运动场，他们常遇到大爷大妈在这里锻炼身体。这里的运动设施种类也齐全，有练脚的，有练手的，有练腹部的，还有练腰的，应有尽有，一点不比健身房的少。

今天汉斯和王小刚不上学，汉斯向王小刚提议，到户外公共运动场去玩。他们运气不错，今天没有太多的人。于是，汉斯和王小刚把每个体育器械都玩了一遍。汉斯随口一问："小刚，真有意思，中国人锻炼身体，不到体育俱乐部去锻炼。"

"什么？体育俱乐部？"

"这有什么奇怪的。我从小就在体育俱乐部踢足球，打网球，学游泳。"

"在中国，也有这样的体育俱乐部。那是为了培养体育尖子，还要交一大笔钱呐，一般人可付不起啊。"

"哦，我看到这里也有健身房。"

"是有，那要交钱。听说，还不便宜。"

"健身房有这么贵吗？"

"汉斯，我们不管它贵还是不贵，要让人们都能锻炼身体，最好的办法是靠自己。政府在城市中一些公园或者空闲地修建体育设施，供大家免费使用，这多好哇！"

"这倒是一个好主意。虽然这里的设施没有健身房的精致，但功能与健身房的设施差不多。"

"不光功能一样，它还有许多优点。你看，这室外体育设施，人们既不用花一分钱，又不受时间限制，你想什么时候来锻炼身体，就什么时候来。早上和晚上，有不少人来这里，打太极拳，练太极剑，跳广场舞，舞扇子。"

"在上海，我看到了全民锻炼的风气。"

"怎么讲？"

"小刚，你想，你不用加入任何一个体育俱乐部，不花一分钱，只要你愿意参加，就可以跟着锻炼，同时，可以找到自己喜欢的运动。你看，这么多人，无论男女老少他们都自愿参加，这还不是全民健身吗？"

"汉斯，你说得对。"

"小刚，我现在也明白了，为什么乒乓球能成为中国的国球。"

"哦，为什么？"

"打乒乓球的成本低，打球时，只需要两个人，而且乒乓球台到处可见。乒乓球运动在中国普及得如此之广，参加人数如此之多，从14亿人当中，还愁找不到人才吗？"

"汉斯，那我给你提一个问题。"

"小刚，你问吧。"

"为什么中国足球远不如德国呢？"

"在我的家乡，小孩子都爱踢足球，就像中国人爱打乒乓球一样。"

"是呀，体育发展根基于民众锻炼基础，要从小娃娃抓起。"

"另外，踢足球需要的场地大、人多，足球运动花费高，它的成本比打乒乓球高得多。再加上欧洲的环境，足球在欧洲早就是最为流行的体育运动之一。"

"以我看，关键是让人人锻炼身体，身体健康是生活当中最重要的事。"

"我完全赞同你的看法。"

"汉斯，我们到那个器械去。我们比赛，看谁做得多。"

"好哇！"

"1，2，3，……"他们俩一同开始数数。他们的声音传到了天空，他们的友谊在不断增进。

## 一只手能表达十个数字吗?

这天汉斯和王小刚放学回家,他们路过一个菜市场,汉斯拉着王小刚的手说:"小刚,我想进去看一眼。"

"汉斯,你想买什么吗?"

"我没有想好,只想随便看一看。"

"行,我们进去瞧一瞧。"

于是,汉斯和王小刚走进菜市场。这个菜市场很大,一进门,他们看到那一排又一排的摊位。这喧闹的叫卖声也灌入了汉斯的双耳。有卖猪肉、牛肉的,有卖鸡鸭鱼肉的。这边卖蔬菜,那边售水果。在门口处,还有各种小吃,如水饺、面条、包子等等。那些小吃冒着热腾腾的蒸气,香味扑鼻,弄得王小刚和汉斯的肚子咕咕叫,不知不觉间他俩走散了。汉斯走到一个水果摊边停了下来,他指着芒果问摊主:"多少钱一个?"

摊主没有作声,只伸出右手的食指。

汉斯高兴地自言自语说:"一块钱一个,这么便宜。"

当他拿出一块钱递给摊主时,摊主摇了摇头,将食指伸直又弯曲,连续做了三次,但是他还是没有张口说话,好像故意刁难汉斯这个"小老外"似的。

汉斯没有办法,不明白摊主的意思,他只能找王小刚求助。他围着菜市场转了好几圈,终于在卖面食的地方看见王小刚。他拉着王小刚的手,着急地说:"小刚,你快过来帮帮我吧。"

"什么事?汉斯。"

菜市场(陶翠微 摄)

"快走吧。"

"到哪儿去？我还想买几个包子吃。"

"小刚，你等一会再来买吧。你去看一看，他比划的到底是多少钱。"

汉斯不等王小刚再说什么，就把他拽到了水果摊前。王小刚上前问摊主："师傅，这芒果怎么卖？多少钱一个？"

那摊主还是没有说话，又伸出他的食指。王小刚一看，转身对汉斯说："汉斯，这芒果九块钱一个。"

"什么？这指的不是一块钱吗？"

"不是的。汉斯，你可要看清楚喽，将食指伸直，它表示一块钱。可他的食指是弯曲的，像带着一个钩，它就表示数字9。"

"啊？是数字9，不是数字1呀，这也太贵了。"

这时，摊主开始说话了："小朋友，我看你是外国人，就便宜卖给你。"

他又伸出大拇指和小拇指，中间三个指头收起来："我给你这个数。"

"这是什么数呀？"

"六块钱一个，怎么样？"

王小刚拽着汉斯的衣袖说："汉斯，你不用买了，明天，让我妈妈来买。走，我们去买包子吧！"

于是，他们离开了水果摊，到卖面食的地方买了几个肉包子。他们俩边走边吃，边吃边聊。汉斯问王小刚："在欧洲，一只手只能表示五个数字。在中国，一只手可以表示十个数字吗？"

"当然可以。"王小刚伸出自己的右手，他先握拳，然后先伸出食指，中指，无名指，小指，最后伸出大拇指，他边伸手指边说："1，2，3，4，5。"

"这与我们那里几乎一样，只是我们先从大拇指开始，顺着指头往下数。"汉斯用手比划着。

"5以上的数，还是用这只手，刚才，卖水果的师傅给你展示过数字'6'了。"

"我没忘。伸出大拇指和小拇指，中间三个指头收起来。"汉斯骄傲地说道。

"没错，我给你演示数字'7'，还是先握拳，然后伸出大拇指、食指和中指，将它们的指尖合在一起。"

"哦，这是数字'7'，那么数字'8'呢？"

"先握拳，然后伸出大拇指和食指。"

"有趣，这与我们表示的数字'2'一样。"

"那你得看清楚，不要弄混了。"

"是的，那要出现大误会的。数字'9'，我是不会忘记的，就是食指伸直，然后弯曲。不过，小刚，你还没有说完呢，那数字'10'呢？"

"先……"

"我知道，先握拳，然后呢？"汉斯迫不及待地追问。

"没有然后了。"

"为什么？"

"因为握拳就是表示数字'10'呀。"

"原来如此，小刚，你从头到尾再给我演示一遍。"

"汉斯，你看好喽，1，2，……，10。"王小刚用一只手又演示了一遍。汉斯看在眼里，记在心上。在他与王小刚一起回家的路上，汉斯一个劲儿地练习，他希望能在王小刚的父母面前展示一下，让他们看一看他从王小刚那里学来的本事。

## "望闻问切"指的是什么?[①]

这几天,汉斯感觉不舒服,浑身没有劲,头也疼。王小刚的父母有些担心,晚上王小刚的母亲对汉斯说:"汉斯,明天我带你去医院看看吧。"

王小刚的父亲加了一句:"小刚,明天你给汉斯在学校请个假。"

汉斯说:"我没有关系,睡一觉就会好的。"

第二天早上,汉斯还没见好。王小刚给汉斯请了病假,王小刚的母亲带着汉斯去医院看病。他们一进医院大门,看见大厅里都是人。汉斯一看,对王小刚的母亲说:"医院怎么会有这么多人呀?杨阿姨,我不想看病啦。"

"汉斯,这怎么能行。那边是排队挂号的。没关系,汉斯,你坐在这里等着,不要到处走,我去挂个号就来。"

过了一阵子,王小刚的母亲回来了,领着汉斯去中医门诊。不一会儿,轮到了汉斯。当汉斯和王小刚的母亲在大夫面前坐下时,只见是一位女大夫。她开始上下打量汉斯,又让汉斯伸出舌头来,接着又问汉斯,吃了什么东西,做了什么事,去了什么地方,平时有什么不适。然后这位大夫让汉斯伸出手平放

---

[①] 参考凌耀星的《难经校注》,人民卫生出版社,1991年版。

在桌子上，给他按脉。汉斯只看到，她的手指按到自己的手腕上，忽重忽轻，就像在弹钢琴一样。前前后后弄了一会儿，最后这位大夫给汉斯开了药方。

中医药方格外特别，药名大多数是植物和动物，在药名下写着多少克。王小刚的母亲帮汉斯拿了一包一包的中药。在回家的路上，汉斯问王小刚的母亲："杨阿姨，看中医好奇怪呢。问这问那，还要伸出舌头和手，大夫在干什么？这与看病有关吗？"

"伸出舌头，是为了看舌苔的颜色。伸出手，是按脉，为了摸脉象。通过这些方法，可以了解脏腑以及全身的状态。用中医术语来说，这叫'望闻问切'，又称四诊。"

"我从来没有看过中医，这是我第一次体验中医的诊断方法。'望闻问切'具体指得是什么？"

"望，指观察病人的气色；闻，指听病人的声音和闻气味；问，指询问病人过去和现在的症状；切，指摸病人的脉象。"

"这方法听起来似乎简单，但感觉却挺深奥的。"

"你说的没错。中医学以阴阳五行为理论基础，讲究整体观念和辨证论治。所谓整体观念，就是把人体看成一个有机的整体，和西医那种'头痛医头，脚痛医脚'的理念不同，中医学注重生理上、病理上和诊治上的整体性。辨证，是将望闻问切收集的资料，通过分析、综合，辨清疾病的原因、性质和部位的关系，概括判断为某种病证。论治，是根据辨证的结果，确定相应的治疗方法。"

"天哪，杨阿姨你可真厉害！"

"汉斯，关于中医，我真的只懂皮毛，毕竟这门学问博大精深。如果你对这个感兴趣，以后我找一些专业人士对你进行单独辅导，可好？我们可要赶紧回去了，熬中药可是一件费时间的事情呢。"

汉斯和王小刚的母亲拿着一包包的中药，回家去了。

医务人员在中药房里配中药(陶翠微 摄)

# 什么是阴阳五行学说？[①]

王小刚的母亲带着汉斯从医院看病回到家，她让汉斯先休息，自己去厨房拿药罐准备熬药。汉斯看见一包一包的中药，想知道中药包里着什么东西。他趁王小刚的母亲不在，连忙走到桌子旁，打开中药包一看，他惊呆了，大喊了一声："噢，这中药都是树叶、草根、花、果，都来自大自然。"

王小刚的母亲拿着药罐走过来，说："汉斯，这没有什么奇怪的，中药材大多数来自动植物。"

汉斯在德国看惯了西医，很不理解王小刚母亲的话，他连忙问道："杨阿姨，为什么中药材大多数来自大自然呢？"

"这是因为中医学重要的基础之一是阴阳五行学说，讲究顺应自然，天人合一。另外，中药材的使用也蕴含阴阳五行的原理。"

"您在医院的时候就提到阴阳五行学说，那什么是阴阳五行学说呢？"

"阴阳五行学说是中国古代哲学思想，它包括阴阳学说和五行学说。这

---

[①] 参考《中医基础理论》，上海科学技术出版社，1996年版。

个太复杂了,我就说说我自己的理解吧。"

"好的。杨阿姨,您请讲。"

"阴阳学说认为,世界是物质性的整体,自然界的任何事物都包括着阴和阳相互对立的两个方面,而对立的双方又是相互统一的。"

"杨阿姨,您能说的具体点吗?"

"一般来说,凡是剧烈运动着的、外向的、上升的、温热的、明亮的,都属于阳;相对静止着的、内守的、下降的、寒冷、晦暗的,都属于阴。任何事物均可以阴阳的属性来划分,但必须是针对相互关联的一对事物,或是一个事物的两个方面,这种划分才有实际意义。"

"那什么是五行呢?"

"五行指的是金、木、水、火、土这五种基本物质的运动。中国古人认为,世间一切事物均由金、木、水、火、土这五种基本物质之间的运动变化生成的。"

"它们之间有什么联系吗?"

"这五种物质之间,存在着既相互滋生又相互制约的关系,在不断的相生相克运动中保持着动态的平衡。"

"阴阳与五行之间又有什么关系呢?"

"阴阳是阴阳五行学说立论的基础,阴阳与五行属于形式与内容的关系。"

"这怎么讲?"

"阴阳的内容是通过金、木、水、火、土这五种基本物质反映出来的,五行是阴阳内容的存在形式。"

"这五行是如何相生呢?"

"五行相生,是指一行对另一行互相滋生,有促进助长的作用。木生火,火生土,土生金,金生水,水生木,成为一个循环。"

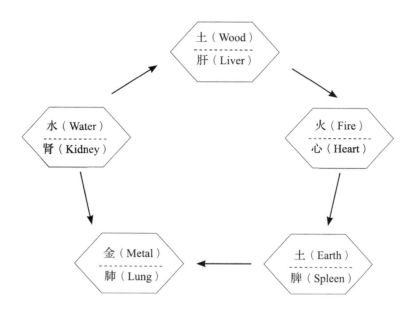

五行与五脏之间相生的关系（一）（陶翠屏　绘）

"哦。"

"这就是说，木易燃烧产生火；火烧尽后变成土；土中含矿物质，可提炼成金属；金属通过加热后冷却，在金属上凝结生水；水让树木生长，成为木。"

"那五行又是如何相克的呢？"

"五行相克，是指一行对另一行的抑制或制约作用。木克土，土克水，水克火，火克金，金克木。换句话说，树木和植物在土壤中生长，消耗了土壤的营养；土能阻止水的溢流，它能克制水；水可以灭火，抑制火的蔓延；火能够将金属熔化；金属制成的工具可以伐木。五行相生相克不断循环，达到一个平衡。这五行又与身体的身体的五脏联系起来。"

"这又是怎么联系起来的呢？"

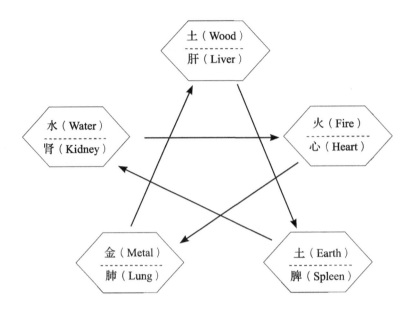

五行与五脏之间相克的关系（二）（陶翠屏　绘）

"金为肺，木为肝，水为肾，火为心，土为脾。"

"这既深奥又有趣。"

"中医就是用这种思想，来说明病因，指导诊断和治疗的。这听起来简单，操作起来可不是一般的难啊！好了，不早了，我得去熬药了。"

"谢谢您，杨阿姨，您也给了我上了一堂深刻的哲学课。"

王小刚的母亲将中药倒入药罐中，到厨房去了。汉斯望着她的背影，还想着她讲的阴阳五行学说，深感中国人的伟大，也促使他对中国人、中国的文化和中国的哲学产生更加浓厚的兴趣和热爱。

# "坐月子"是什么意思？

这一天王小刚和汉斯放学回到家，他们看见客厅桌上放着茶杯。王小刚的母亲今天也在家里，王小刚好奇地问道："妈妈，来客人了。"

"是啊。"

"谁来了？"

"你小姨。她快要生孩子了，想找月嫂，让我帮她留意一下。"

"哦。"王小刚回应一声，就与汉斯走进书房准备做作业。汉斯问王小刚："小刚，刚才你妈妈说什么呢？"

"帮我小姨找月嫂。"

"月嫂是什么？"

王小刚对汉斯说："汉斯，这个你最好问我妈妈，我不太清楚。"

汉斯本不想打扰王小刚的母亲，但他又想知道答案，便不由自主地走到王小刚的母亲面前，问道："杨阿姨，您刚才说找月嫂。"

"是呀。"

"您能告诉我，什么是月嫂吗？"

王小刚的母亲笑了起来:"汉斯,看来你对什么事都感兴趣啊!"

她又接着说:"是这样的,我妹妹要生孩子了。在她坐月子期间,有一个专门照顾她和孩子的专业人士,这个人就叫月嫂。"

"哦,杨阿姨,您越说我越不明白了。"

"为什么?我没有解释清楚吗?"

"坐月子是什么意思?"

这时,王小刚走过来,哈哈大笑。汉斯莫明其妙,不知道王小刚在笑什么。王小刚的母亲解释道:"在中国,坐月子就是女人生了孩子之后,用大概一个月的时间在家休养,她什么事情都不用做,只需要专心照顾好初生的宝宝就好。在这段期间,产妇的手最好不要碰冷水。"

"她的手为什么不能碰冷水?"

"哎,都是听老人家说的。产妇碰冷水的话,容易得关节炎。你在德国没有听说过吗?"

"我从来都没有听说过'坐月子'的事,更没有听说过刚当妈妈的人不能碰冷水。"

"噢。"

"我还记得,我妈妈生完我妹妹,在家什么事都是自己干的,没有任何人帮忙啊。"

王小刚的母亲说:"我看这是中国人特有的习俗吧。"

"我想也是。"汉斯赞同她的看法。

"汉斯,你妹妹比你小多少岁?"王小刚的母亲问道。

"我们之间相差五岁。"

"你妈妈一个人带吗?"

"是的,爸爸上班,妈妈一个人在家带着我和妹妹。"

孩子们像蝴蝶一样飞翔（陶翠屏　摄）

"你爷爷奶奶或者外公外婆不来帮忙吗？"

"没有。"

"你妈妈可真能干。"

"我妈妈是很能干，我和妹妹上学之后，她又去工作了，不过只是上半天班。"

"我希望，以后有机会的话，能认识一下你的母亲。"

"杨阿姨，我相信，一定会有机会的。"

是呀，异国他乡的两位母亲如果谈起她们自己的生活、孩子的教育，她们之间一定有说不完的话。

## 什么是钟点工？

汉斯到王小刚家已有两个月了。今天，王小刚有事，放学后汉斯一个人先回了家。他刚打开门，就听到屋内有声音，汉斯吓了一跳。他想，这个时间家里应该没有人啊，汉斯大喊一声："Hollo！"屋内没有人回答。汉斯走进客厅一看，有位陌生的妇女正在擦桌子。这位妇女四十开外，皮肤有些黑，身体壮，中等个头。

汉斯用不太流利的中文问她："您是谁？干什么的？"

这位妇女万万没有想到，站在她眼前的，是一位金头发、蓝眼睛的外国人，他还会说中文。她双眼直盯着汉斯，反问道："你是谁？"

"我在问您呢？"汉斯不客气地问道。

这位妇女一听，感觉这个外国小伙子挺厉害的。她回答道："我是这家主人请来的钟点工。"

"钟点工？"汉斯接着问。

"就是在这里打扫卫生的。"

"哦。"

"你不信的话，可以打电话问这家的主人嘛。"

两人正在僵持时，王小刚迈入了家门。她马上指着王小刚对汉斯说："你可以问问他。"

王小刚看见汉斯那副认真的样子，对汉斯说道："她是我妈妈请来的钟点工。"

"小刚，什么是钟点工？"

"钟点工，就是每周在规定的时间，到家里来打扫卫生或者做饭什么的，反正来做一些家务事。"

"哦，什么时候？"

"每周星期四下午到我家。"

"原来如此，我没有听你们说过。刚才吓了我一跳，我还以为是小偷呢。"

"汉斯，你的警惕性很高呀。"

晚上，王小刚就白天的事讲给他父母听。王小刚的妈妈跟汉斯说："汉斯，对不起，我忘记告诉你，我们家请了一位钟点工，让你今天下午吓了一跳。"

"没关系，杨阿姨。"

"汉斯，你知道吗，现在人们的生活水平提高了。像我们家两个人工作，平时没有时间做清洁，所以，我们请了一个钟点工。"

"我没有想到，中国发展得这么快。"

"我给你讲一个有趣的故事。"

"好哇！"

"我有一位朋友，她住在郊区的一个小区。有一天，她早上出门上班，等到她晚上回来时，却找不到家门口了。"

"为什么？"

"因为她家门口原来没有树,现在种了树;早上出门前没有马路,现在修了一条柏油马路。你说,她还认识自己的家门吗?"

"这是真事吗?"

"这是一个真实的故事。"

"真不敢想象!周围环境会变得这样快,还不到十个小时,连自己的家门都不认识了。"

"所以,你得好好认路,注意观察喽。"

汉斯点了点头,往自己的房间走去。他突然回过头,喊了一声:"杨阿姨,您那位朋友后来是怎样找到家的?"

王小刚的母亲笑着说:"汉斯,你还惦记着这件事。我告诉你吧,我的那位朋友后来打电话给她的老公。"

"哦,我知道了。"

汉斯在房间里,开始做作业了。

# "三百千"是什么?

今天,汉斯与王小刚在户外公共运动场锻炼完之后,正准备收拾东西回家。这时,传来小孩子的声音。王小刚和汉斯走近一看,原来是一位年轻的妈妈带着一个孩子在沙坑里玩耍。这孩子看上去三四岁的样子,她边玩边背诵着:"人之初,性本善。性相近,习相远,……"

汉斯的好奇心又上来了,他问王小刚:"这孩子在背诵诗吗?"

王小刚回答道:"她不是在背诗,而是在背《三字经》。"

"《三字经》是什么?"

"《三字经》是中国传统的儿童启蒙读物,它结构严谨,文字简练,以三言形式,句句谐韵,琅琅上口,很符合儿童的特点。"

"我还以为她在背诗。"

"你知道,为什么中国人要让孩子读《三字经》吗?"

"不知道。"

"《三字经》除了容易上口外,还因为书中内容包罗万象,如中国的历史、天文、地理、道德以及一些民间传说故事等等。"

"这么广泛呀！"

"学习它，不仅可以让小孩子识文断字，还可以让他们了解中国的基本常识和历史，以及故事中内含的做人做事的道理。"

"《三字经》一共有多少个字？"

"《三字经》有不同的版本，每个版本字数都不同，大约有1100多个字吧。"

"字数并不算多，内容这么丰富，作者是谁呢？"

"关于作者是谁的问题，一直有争议，大多认为作者是王应麟（1223—1296）。"

"何时成书的呢？"

"《三字经》成书于北宋时期（960—1127年）。"

"除了《三字经》之外，还有哪些中国传统的儿童启蒙读物呢？"

"最著名的是'三百千'。"

"'三百千'是什么？"

"'三百千'是三本书开头第一个中文字的合称。它们分别是《三字经》《百家姓》和《千字文》。"

"我看得出来，中国人很重视儿童启蒙教育。"

"儿童教育对于一个孩子来说，是极其重要的。我们的祖先早就看到了这一点，非常重视儿童的启蒙教育。这些儿童启蒙读物深入浅出，流畅有趣。学汉字，不只是横竖撇捺，在文字的后面，还有象形、故事和道理啊。"

汉斯深有感触地说："这可真是中国教育的一种特殊形式呀！怪不得中国几千年的悠久历史，源远流长，从未间断。小刚，我现在得到新华书店去，你陪我去吧。"

《三字经》《百家姓》《千字文》（陶翠屏　摄）

"你去那里干什么？"

"我想买一本《三字经》呀！"

王小刚笑着说："汉斯，你也太心急了吧！我们先回家，洗完澡，然后再去，也不迟嘛。"

汉斯也跟着笑了起来。他们收拾了东西，提着包，往家里走去。

## 用手机也可以付款吗？

王小刚经不起汉斯的多次纠缠，无可奈何地与汉斯一起去了一家新华书店。在王小刚的帮助下，汉斯很快找到了《三字经》。王小刚对汉斯说："你去那边付款，我在这里等你。"

"好吧。"汉斯说完，就去了收银台。没过一会，汉斯拿着《三字经》和付款单回来了，他用神秘的口气对王小刚说："小刚，我刚才看见了一件奇怪的事。"

王小刚随便问道："什么奇怪的事啊？"

"你猜一猜，在我前面的顾客用什么付的钱？"

"用现金？"

"不是。"

"用信用卡？"

"也不是。"

"那就是用手机了。"

汉斯奇怪地看着王小刚："哎，你怎么知道他是用手机付的呢？"

"汉斯,这又不是新鲜事儿了。"

"我还是头一次见啦。"

"在中国,用手机付款已经相当普遍了。在菜市场或者超市,买蔬菜、买烧饼等等都可以用手机付款。"

"哦。"

"你知道微信吗?"

"我好像听说过。它的英文名字是什么?"

街摊买煎饼可以用手机付款(陶翠微 摄)

"微信的英文名字是WeChat。"

"它有什么用处？"

"微信面对的是持有智能手机的使用者，它提供语言短信、视频、图片、公众平台、朋友圈、消息推送等功能。"

"这并不特殊，一般App也可以做到。"

"微信还逐步渗入人们生活中的许多方面，比如打车、交电费、购物、付医疗费、酒店预订等等，微信支付就是在微信客户端的支付功能，它向用户提供安全、便利、快捷的支付服务。"

"除了微信支付以外，还有其他支付方式吗？"

"有，比如支付宝。"

"哦。小刚，你有微信吗？"

"我当然有了。没有它，你会变成聋子和瞎子。我与同学和朋友联系，一般都不打电话了，就在微信上聊天。每个人有自己的朋友圈，一有什么事，只要发出消息，大家全都知道。"

"如今的手机变得越来越重要了。"

"汉斯，你知道，年轻人对手机是如何评价的吗？"

汉斯看着王小刚，摇了摇头。

"一机在手，什么都有。"

"这评价虽然说的有些夸张，但也很形象。"

"在中国，现在几乎人人有手机。目前在有些城市还开始试用电子身份证了，其中包括户口本、驾驶执照等证件信息。有了它，不就是走遍天下都不怕了。不过，无论什么事情都有两面性。手机既有许许多多的好处，也有它的坏处。常常用手机或者在手机上玩游戏，视力下降不说，它还会使手指发麻，甚至变形。另外，老是低着头，造成颈椎疼痛等。无论什么事，都不能做过头啊！"

"小刚，微信有多少用户？"

"微信已覆盖中国90%以上的智能手机，全球拥有超过8亿以上的活跃用户。"

"哇，真不少啊！"

"微信还有一个特点，它的大多数功能均不收费。"

"难怪它有这么多的用户呢。"

"汉斯，《三字经》你已买到了，现在我们该走了吧。"

"好的。小刚，等回到家，你可要给我好好解释《三字经》呀。"

"汉斯，你先读一读再说吧。"

他们有说有笑地离开了新华书店。

## 中国人的养老观是什么？

王小刚的父母早就从汉斯那里听说了汉斯有位叫Tim的老乡在上海，却总是没有找到合适的时间邀请他到家里做客。今天是周末，他们决定邀请Tim来家做客。Tim到了王小刚的家，汉斯将Tim介绍给王小刚一家三口，还领着他在各个房间转了一圈。在参观房子的过程中，Tim向王小刚的父亲提出了一个意想不到的问题。

"王叔叔，您家附近，有许多老年人居住吧。"

"在我们住的这一栋楼，可以说，有一半人已经退休了。"

"哇！这么高的比例啊！"

"据说，在中国有两亿人口是老年人。"

"这可不是一个小数目。"

"人口老龄化已慢慢成为中国的社会问题了。"

"王叔叔，您能告诉我，中国人的养老观是什么吗？"

"Tim，到底是学文科的，一下子就提出一个这么尖锐的问题。"

王小刚的母亲也加入了讨论，她说："'育儿养老'是中国人传统的养老观。"

Tim问道:"这话是什么意思?"

"过去,中国人是靠生儿育女来养老的。也就是说,父母把孩子抚养成人,等到他们老的时候,由儿女们照顾他们。所以,以前家庭大,儿女多。"

"中国曾经推行一对夫妻一个孩子的政策,也就是独生子女政策。现在许多家庭都是一对夫妻要照顾一个孩子和他们的父母,也就是四位老人,这行吗?"

"Tim,你说到点子上了。中国现在确实存在这种现象,它被称为'421'结构,即'4'为四位老人,'2'是夫妻二人,'1'指一个孩子。"

"它还有一个专用名词啊!"

"中国发展得太快,出现了'未富先老'的现象。特别在农村,青壮年外出打工,家里只剩下老人和孩子。"

"中国农村地广,人口众多。"

"农村也没有建养老院,基础设施还是比较落后的。"

"王叔叔,杨阿姨,你们觉得如何解决这一问题呢?"

王小刚的母亲说:"我觉得,需要家庭、社会和国家一起,才能解决这一难题。"

王小刚的父亲接着说:"首先,大多数中国人不愿意去养老院养老,宁愿留在子女身边。"

汉斯问:"我爷爷的哥哥就住在养老院,听说还可以。为什么这里的老人不愿意去养老院呢?"

"我想,中国人的家庭观念比西方人重。孔夫子曾说过,'父母在,不远行。'这是'孝'的表现。"

社区向老人提供的活动场所（陶翠微　摄）

"哦。"

"现在有人提出'居家养老'的模式。"

"我知道，就是居住家里养老。"

"你说对了一半。"

"那另一半呢？"

"另一半就是家庭、社区、机构合为一体。如今政府提出了，居家为基础，社区为依托，机构为补充，医疗相结合的养老模式。"

"如何解释这种养老模式呢？"

"就是老人尽量住在家里，社区提供各种各样的养老服务项目，如组织唱歌、跳舞、下棋、打太极拳等娱乐活动和体育锻炼。"

"这主意真不错,老年人有事干。"

"另外,有病,有大夫治病,还有医务护理和保健等。"

"这也许是一条中国式的养老之路。"

王小刚的母亲补充说:"汉斯,Tim,中国还有一个专门针对老人设立的节日。"

汉斯问:"什么节?"

"重阳节。"

"在哪一天?"

"农历九月初九是中国的重阳节。"

Tim想了一会,说:"这个节日好像刚过。"

"是的,尊重老人是中国人的传统美德。"

这时,他们听到王小刚喊道:"汉斯,Tim,你们快来呀!"

"干什么?"汉斯问道。

"我都准备好了,快来玩游戏吧!"

"好哇!我们来了!"汉斯拉起Tim的手,带着他到王小刚的房间去了。

## 人人都可以炒股票吗？

每天早上，王小刚与汉斯一起上学。在楼梯上，他们常常遇到一位老大爷，他总会对王小刚说："小刚，上学去啦。"

王小刚总是回答道："陈大爷，您好，您上班去啦。"

这一天，与往常一样，汉斯等陈大爷走远后，便问王小刚："小刚，这位陈大爷有多大岁数了？"

"我也不太清楚，反正他退休了。"

"他已经退休了，为什么你每天早上对陈大爷说，上班去啦？"

"陈大爷不是上什么正正规规的班，而是每天去交易所。"

"他每天到交易所干什么？"

"当然是去炒股票啦。"

"人人都可以炒股票吗？"

"是呀！陈大爷退休在家，有的是时间。他每天早上带着一个小包，里面装着一个本子，一张报纸，一支笔，外加一瓶茶水。"

"所以，你说他，上班去啦。"

"对呀。"

"德国人也有炒股的,他们不是坐在交易所,而是坐在家里的计算机前。"

"有人说,中国人炒股可谓是全民炒股。特别是像陈大爷这样的退休老人,他们喜欢到交易所去,与别人交换意见和经验。"

"真有趣,美国人和加拿大人玩股票多半为养老作准备,或者为了子女今后读书集资罢了。"

"那你们德国人呢?"

"德国人一向谨慎,不过在德国也曾经刮过一股'股票神话'的风。"

"是吗?什么时候?"

牛塑像(陶翠屏 摄)

"上世纪九十年代中期,德国国有企业私有化改革,尤其是Deutsche Telekom(德国电信)上市以后,它一度成为'全民股票'。"

"哦。"

"好景不长,后来德国的Dax下跌了近3/4。"

"那可惨了。"

"可不是,许多股民将一生的积蓄都投入了股票。一夜之间,股票不值钱了,他们哭都来不及,教训深刻啊!"

"中国人喜欢短线投资,想尽早出效果。"

"德国人可不这样,他们乐意储蓄,不太爱冒险,以保险为主。"

"难怪,我听说,保守谨慎是德国人一大特点。"

"可以这么说吧。小刚,你相信,一夜之间就能成为百万富翁吗?"

"我是半信半疑,你呢?"

"我是不相信,天上不会落黄金的。"

"要是落了呢?"

"也不会落在我的身上。"

"汉斯,看得出,你有一股干劲。"

"什么干劲?"

"吃苦耐劳的干劲。"

"只有通过自己的努力,才能得到自己想要的东西。"

"汉斯,你说得对,我得向你学习。"

"我们相互学习。"

他们边走边聊,几乎快走到学校大门口了。

## "双十一"是什么节？

今天是11月11日。Tim 这几天在大学听到许多同学议论"双十一"，他不明白"双十一"是什么节。正好，今天他与王小刚和汉斯准备去郊游。Tim一到王小刚家，就沉不住气了，马上问王小刚："小刚，今天是什么日子？"

"今天是11月11日啊。"王小刚随口一说。

"这我知道，在德国，今天是Martinstag（马丁日），在科隆，于11点11分狂欢节便拉开序幕。"

"Tim，那是你们西方人的节日。"

"在中国，这'双十一'又是什么节呢？"

"在中国，11月11日是所谓的'光棍节'。"

"啊，光棍节？没听说过。"汉斯和Tim都摇了摇头。

"这是中国人在几年前自己创造的一个节日。"

"还有这回事？"汉斯和Tim两人都望着王小刚。

"你们瞧。"王小刚先用笔在一张纸上写下"11.11"，然后指着说："你们看，11月11日，有4个1在里面，像四根棍子，没有叶子，那不就是

'光棍'吗?"

"这形容得真像那么回事。"汉斯笑着说。

Tim继续问:"它来源于何处?"

"据说,'光棍节'产生于校园文化。有几个大学生聚集在一起,他们觉得,应该为'单身'设一个特别的纪念日,并一致认为,11月11日就特别形象,便将这一天定为'光棍节'。"

"这些大学生真有想象力啊!"

"后来,中国的商家利用这一天,鼓励单身男女为自己买礼物。"

"这有些类似于西方的'情人节'嘛。"

"不同之处是,'情人节'为自己的情人买礼物,'光棍节'为自己买礼物。"

"真有趣呀!"

"如今,11月11日这一天变成了'双十一购物狂欢节'了。"

"为什么称之为'双十一购物狂欢节'呢?"

"事情是这样的。2009年,阿里巴巴于11月11日首次举办促销活动。如今这个促销活动愈办愈大。"

"哦,有这么大的威力吗?"

"是的,因为在这一天商家在网络上提供的物品比平时要便宜得多,有的甚至要便宜一半以上。它迎合了顾客们的口味,激发了他们的购物欲望。你们听一听我所讲的数据吧:

2014年11月11日阿里巴巴双十一全天交易额为571亿元;

2015年11月11日天猫平台全天交易额约为912亿元;

2016年11月11日天猫平台全天交易额突破1000亿元;

……

2019年11月11日天猫平台全天交易额为2684亿元。"

"噢，这数字真叫人吓了一跳，不敢想象。"

Tim问王小刚："小刚，为什么'双十一购物狂欢节'能收到如此好的效果呢？"

还没有等王小刚回答，汉斯又提出一个问题："为什么中国电商发展这么快呢？"

王小刚沉思了一会，回答道："我认为，有几个原因。第一，中国人口多，特别是城市人口集中。"

"那第二呢？"

"第二，中国劳动力成本相对于发达工业化国家来说便宜。"

"那还有呢？"

"那第三呢，中国快递业的发展突飞猛进。今天在网上订购的东西，一般1~3天就能送达。今天订今天到，今天订明天到，也是常有的。"

"这话不假，这里的快递真是快呀。"

"现在，中国高铁使得各大城市之间的距离变短了。电商利用城市郊区租金较低的地方建立仓库，既省掉了门面租金，又降低了仓储成本。加上广大的农村市场潜力巨大，网购给农民提供了更丰富、更优惠的商品。"

Tim用赞赏的口气说："小刚，你分析的有道理。"

"另外，网上购物大多数是通过手机成交的。"

"可见手机的普及率很高呀。"汉斯点头说道。

"中国人真是特别的聪明、勤奋、上进、好学。"Tim又加上了一句。

他们三人没完没了地讨论着，王小刚着急地说："时间不早了，我们是不是该郊游去了啊！"汉斯和Tim笑了起来，他们差点把正事给忘了。

## 为什么中国人对竹子深有感情？

汉斯还有几天就要离开上海去北京了。这一天,王小刚一家三口和汉斯晚饭之后正在电视机前聊天,王小刚的母亲拉着汉斯的手,问道:"汉斯,你在我们这里感觉怎么样?"

"杨阿姨,我在这里很好,就如同在我自己家里一样。"

"你还有什么愿望?"

汉斯回答道:"你们已经满足了我的愿望,我没有什么想法了。"

王小刚的父亲提示道:"比如说,你还想去什么地方?"

汉斯看见墙上挂有竹子的画,想了一会,说:"人们称中国是竹子的故乡。我虽然也看见过一些竹子,但是没有见过一望无边的竹林。"

"行啊,这个周末我们开车去乡村小镇玩一玩。"

"太好了!"汉斯兴奋地叫了起来,然后,他走到竹子画前,向王小刚的父亲提出了一个问题:"王叔叔,您能告诉我,为什么中国人对竹子深有感情?"

"汉斯,你怎么突然会有这样的想法呢?"王小刚的父亲反问道。

竹林（陶翠屏 摄）

"我在中国无论什么地方，都可以见到竹子的影子。比如，衣服图案、房间布置、诗词图画等等，少不了竹子的图形。"

"竹子不光用在这些方面，在吃和用的方面也大有所为。竹子全身都是宝。"

"哦？"

"竹笋可以吃，竹子可以做很多东西。"

"竹子可以做什么样的东西呢？"

"竹子可以做家具，比如竹凳、竹椅、竹桌、竹床，你一定见过吧。"

"差点忘了，我见过的，还有农民挑东西的扁担。"

"此外，将竹子烧成炭，可以烤火用。竹子长得很快，其杆可以长到几米至几十米以上，在中国还有许多地方用竹子作为建筑房屋的支架。"

"是的，那次我们在杭州附近农村郊游时见过。"

"你吃过竹笋吗？"

"吃过。"

"竹笋还有冬笋和春笋之分。"

"没想到，竹子有这么多的用场啊！"

"竹子四季如青，傲雪凌霜，特别坚韧。"

"看来我对竹子了解得太少，它有这么多的特点，我从来都没有注意过。"

"所以，中国人将竹子与梅花、兰花、菊花称为'四君子'。"

"为什么梅兰竹菊被称为'四君子'呢？"

"君子是中国人对品格高尚之人的美称。梅兰竹菊被称为'四君子'，是将它们的特征与人的品质结合在一起。"

"梅兰竹菊有哪些特征呢？"

"梅花寒雪独傲，兰花清雅幽放，竹子虚心直节，菊花冷艳清贞。中国人用四个字来形容它们的特点：傲、幽、坚、淡。另外，梅兰竹菊也表示冬春夏秋一年四季。"

"这正与中国人天地人合一的理念相吻合呀。"

"汉斯，看来你在这里的几个月学到了不少中国文化和思想啊！"

"这是因为我有像小刚和您这样的好老师！"

"主要还是靠你自己的努力。"

汉斯看着墙上的画，问道："王叔叔，为什么这张画上写着'岁寒三友'呢？"

"这是因为在寒冬腊月，大多数的树木已经凋零，只有竹子和松树的叶子依旧翠绿，梅花在雪中独放。因此，竹子与松树、梅花被称为'岁寒三友'。"

汉斯停顿了一会，忽然想到了什么，他问："王叔叔，竹子会开花吗？"

"竹子会开花，可是它一般一生只开一次花。竹子开花结籽之后，随即枯死。"

"竹子有多长的寿命呢？"

"竹子一般有十几年到几十年的寿命。"

"我想去看一看竹林。"

"可以啊，这个周末我们就去。"

"太好了！"汉斯高兴地又蹦又跳，与王小刚玩游戏去了。

# 什么是算盘?

今天是星期天,王小刚的父母答应汉斯到乡村小镇看竹子。王小刚一家三人与汉斯起了个大早,一路开车来到了一个小乡村。在这里,他们望着漫山遍野的竹子,汉斯高兴地叫起来:"哇!好漂亮的竹子啊!"

"好风景啊!"王小刚发出自己的感慨。

汉斯对王小刚喊着:"小刚,我们跑到山上去吧。"没等王小刚回音,他就开始跑了起来,王小刚跟在后面喊道:"汉斯,等一等我!"

那一望无边的竹林,翠绿挺拔的竹子,微风吹打着竹叶,发出沙沙的声响。汉斯用手摸着一根根竹子,一步一步往山上走着。在山脚下,有一户人家,在院子里摆着一大堆用竹子编织的东西,竹椅子、竹凳子、竹桌子,还有竹扁担、竹篓筐等等。

王小刚与汉斯继续小跑到了半山腰,出现了好几条岔路,王小刚提议说:"汉斯,我们在这里等一下我爸爸和妈妈吧。"

"小刚,你累了吗?"

"不是,山上有好多岔口,我怕和他们走岔了。"

"那好吧！"

王小刚和汉斯在一块大石头上坐了下来。王小刚用一根棍子，随手在地上写了一个"竹"字，他问汉斯："汉斯，你认识这个字吗？"

汉斯摇了摇头说："不认识。"

"你再好好想一想。"

汉斯左看右看，说："我还是看不出来是什么，你给我一个提示吧。"

"你看一看，现在我们四周是什么？"

汉斯巡视四周，又看了看地上写的字，恍然大悟地说："竹子。"

"对了，这是竹子的'竹'字。"

"你别说，这个字还真像一根根竹子的样子了。"

这时，王小刚的父母喘着气，慢慢走了上来。汉斯突然在身上左拍一下，右拍一下，王小刚问："汉斯，你怎么呢？"

"大概被蚊子咬了。"

王小刚的母亲过来说道："汉斯，让我看一看。"

王小刚的母亲将汉斯的裤腿拉上去一看，大叫一声："哇，被蚊子咬了这么多的包，还很大呀！"

王小刚笑着开玩笑说："这里的蚊子也欺生啊！"

"小刚，别开玩笑了。汉斯，你疼吗？"

"有些疼。"

王小刚的父亲问王小刚的母亲："小刚妈，你带风油精了吗？"

王小刚的母亲在她的包中翻了一遍，却没有找到风油精，就建议："我们到前面小镇上买风油精吧。"大家都同意了。

于是，他们来到一个小镇，在那里找到一家杂货店，王小刚的父母在询问杂货店服务员时，汉斯和王小刚在店里四处观望。柜台上的算盘吸引了汉斯，他不知不觉地走了过去，在算盘上摸来摸去，好奇地问王小刚："小刚，这是什么？"

"这是算盘。"

"算盘有什么用处？"

"汉斯，你从来没有见过算盘吗？"

"这是我第一次见。"

"算盘如同计算器，是用来计算数字的工具。"

"它怎么用呢？"

"算盘一般为长方形，四周由木条框住，一根根小木棍固定在里面，每根小木棍上穿着木珠。"

"那中间一根横梁是干什么的？"汉斯指着算盘问。

"中间的横梁将算盘分成两部分，每根棍子上半部分有两颗珠子、下半部分有五颗珠子。"

中国算盘（陶翠屏　摄）

"上、下珠子分别代表什么呢？"

"上面每颗珠子表示数字'5'，下面每颗珠子表示数字'1'。"

"哦。"

"从算盘右边算起，越往左，位数越高。"

"这与我们平常的计算顺序一样。"

"有人用算盘跟计算器比赛过。"

"那肯定是计算器快咯。"

"你猜错了，算盘赢了计算器。"

"还有这事，真不可思议，算盘的计算速度这么快呀！"

"珠算计算简便、迅捷。在计算器和电脑普及之前，算盘是中国普遍使用的计算工具。不过，在如今计算器和电脑发达的社会，会用算盘的人愈来愈少。"

这时，王小刚的父亲走过来，加入了他们的议论，他说："我们上小学时，还有珠算课。"

汉斯问："珠算课？"

"就是教如何用算盘计算。"王小刚的父亲答道。

汉斯又问："中国从什么时候有了算盘呢？"

"它起源于北宋（960 — 1127年）。" 王小刚的父亲又答道。

"已有上千年的历史了。"汉斯感慨道。

王小刚的父亲接着说："算盘有一个最大的特点，就是十进位制，它包含着两层含义。"

"哪两层含义？"

"一方面它表示'十进制'，即每满十数进入高一位的单位；另一方面它是'位值制'，即每个数码所表示的数值，不仅取决于这个数码本身，而且取决于它在记数中所处的位置。"

"王叔叔,我明白了。"

"汉斯,你说一说看。"

"比如,数字'8',在个位上表示8,放在十位上就表示80。"

"汉斯,你说得对。另外,算盘是从算筹演变而来的。算筹的发明要追溯到春秋战国时期(公元前770年— 公元前221年)。"

"现在还有算筹吗?"

"当然有,不过你必须到博物馆去。"

"那我们什么时候去瞧一瞧。"

"好哇!"

这时,王小刚的母亲走过来,问:"你们在聊什么呀,聊得这么津津有味。"

王小刚说道:"妈妈,我们聊了一下算盘。"

"哦。"王小刚的母亲将风油精递给汉斯:"汉斯,你赶快擦一擦风油精。等一会,你就不会那么疼了。"

"谢谢,杨阿姨。"

汉斯接过风油精,把它擦在被蚊子叮咬的部位。然后,他们一起离开了这家杂货店。

## 桌子的形状有何说法？

离汉斯结束在上海学习的时间越来越近，他也开始做回国的准备了。他这次不是从上海飞回法兰克福，而是从北京走。他有两个打算，其一，在中国四处旅游一下，其二，再拜访一次马丁一和他的父母。上次中秋节假期太短，没有在北京好好看一看。这次可以在北京待一段日子，他在网上买好了去北京的火车票。

学校的同学和老师给汉斯开了欢送会，还送给他一些礼物。在他离开学校时，汉斯看到和他同来的德国同学Robert，他正与他的中国同学谈笑风生，向他们告别。汉斯脸上露出了笑容，他想，Robert在这里一定也找到了自己的"铁哥们"了。这几天，汉斯不用去学校，准备买点小礼品，以便回去送朋友。今天，汉斯一个人在上海市区溜达，到他与王小刚常去的地方转了一圈。他想，时间过得真快，他在中国从来没有感觉到寂寞。王小刚一家人这么热情地接待他，如同自己家人一样。他很感动，真有点舍不得走了。

晚上，王小刚一家请汉斯去餐馆吃饭，还是汉斯刚到上海时，王小刚一家请他吃饭的那家餐馆。不知为什么，汉斯已经不觉得这家餐馆像以前那么吵闹了，他自然地坐下。也许，这是一次告别宴会，汉斯特别仔细地观察四周，似乎也在向它们告别。

"汉斯，你想吃什么？"王小刚的母亲手拿菜单问汉斯。这才打断了汉斯的思绪，他回答道："杨阿姨，由您点菜吧。"

"汉斯，今天你是主角，由你点。"王小刚的母亲坚持说道。

汉斯从王小刚的母亲手中接过菜单，点了起来。餐馆的服务员用惊奇的眼光看着汉斯，她万万没想到，这位德国小伙子不仅能说中文，还会点菜，她连连点着头说："好的，好的。"

通过这几个月的努力，汉斯的中文向前迈了一大步，连他的中文老师王小刚和王小刚的父母都称赞他。

汉斯吃着吃着，突然想到一个问题，便问王小刚的父亲："王叔叔，为什么这家餐馆中的桌子都是圆形的，而不是正方形，或者长方形的呢？"

王小刚的父亲把头转向汉斯，回答道："我想，中国人爱用圆桌吧，特别是在正式场合。"

"桌子的形状有何说法？"

"我想，中国人爱用圆桌，有几个原因。"

"哪几个原因？"

"第一，圆桌坐得人数不受限制，可多可少。"

"您说得有一定的道理。那第二个原因呢？"汉斯急着问下去。

"汉斯，你不要太着急，我还没有说完呢。"

"对不起，王叔叔，我打断了您说话。请您继续说下去吧。"

"第二个原因是，方桌或者长方形桌子有棱角，圆桌没有。"

"这与桌子有没有棱角有什么关系呢？"

"它表明儒家做人的思想和特点。"

"哦,什么特点?"

"那就是外圆内方。"

"外圆内方。"汉斯慢慢地重复了王小刚父亲的话。

王小刚的父亲问汉斯:"汉斯,你见过中国古代用的钱币吗?"

"我在博物馆见过。"

"中国古代用的钱币的形状就是外圆内方的,外形是圆的,中间空心是正方形的。"

"是这样的。"

"做人也一样,应该外圆内方。"

"我还是不太明白,您能再具体解释一下吗?"

"人做事时,心里一定要有一把尺子,要有自己的原则;在接人待物时,要宽宏大量,与人和睦相处,求大同存小异。"

青蛙含古币(陶翠屏 摄)

"我明白了。为人处世,要像圆桌那样,不带棱角。但是,内心要把握自己的尺度。"

"汉斯,你解释得太好了。"

"王叔叔,杨阿姨,小刚,我在你们家住了几个月,给你们添了不少麻烦,你们给了我许多帮助、照顾和关心,我由衷地感谢你们!"

"不用谢,汉斯。"王小刚一家异口同声地说。

是呀,这几个月在王小刚一家人的帮助下,汉斯了解到许多他以前不知道的事情,如中国的传统风俗、中国人的生活习惯,还消除了之前因不了解中国产生的误会,这对他今后学习和工作会有极大的帮助。

# 孔子的思想属于什么范畴？

Tim想趁自己有一两周的空闲时间，在中国转一转，但他又不想独行，恰好得知汉斯要从上海乘火车去北京，然后从北京回德国。于是，两人便结伴而行。

汉斯和Tim旅游的第一站是曲阜。他们坐火车从上海去曲阜，Tim曾经到过曲阜一次。在火车上，曲阜成了他们讨论的主要话题。

汉斯问Tim："Tim，你为什么对曲阜这么感兴趣？"

"因为曲阜是孔子的故乡。"Tim毫不犹豫地答道。

"我听说过孔子，他的思想影响着中国有两千多年了。"

"孔子是中国古代伟大的思想家、政治家和教育家。"

"哦，曲阜有什么地方值得参观呢？"

"曲阜有三个地方，你是必须要去的：孔庙、孔府和孔林。"

"孔庙、孔府和孔林各自有什么特点？"

"孔庙是祭祀孔子、表彰儒学的庙宇。"

"它建于何年？"

"据说孔庙始建于公元前478年,现存的建筑群绝大部分是明、清两代完成的。"

"噢,孔庙的建筑一定很雄伟吧。"

"孔庙与北京故宫、承德避暑山庄一起,并称为中国三大古建筑群。"

"我猜,孔府一定是孔子和他的子孙居住的地方。"

"你猜对了,孔府也被称为'天下第一家'。"

"为什么这么说呢?"

"你说一说,在中国,有多少朝代的更替和皇帝的变换。"

"那可不少。"

"自从汉武帝(公元前156年—公元前87年)罢黜百家、独尊儒术以来,儒家一直被视为历代朝廷的正统之学。它影响着中国几千年的历史,也或多或少影响着每一个中国人。儒家的开山之祖孔子,被奉为圣人。朝代更替,可孔家的地位一直没有变。"

"原来如此,那孔林是什么地方呢?"

"孔林是孔子家族的墓地。"

汉斯沉思了一会,然后向Tim提出了一个问题:"Tim,孔子是一位思想家、政治家和教育家。他也是儒家学派创始人,那么他的思想归属于什么范畴?是宗教范畴吗?"

"我认为,儒家思想属于一种学派,一种思想,不能归属于宗教范畴。"

"为什么?"

"孔夫子提倡'中庸之道''仁学'。你听说过'仁、义、礼、智、信'吗?"

"没有。"

"它是儒家伦理的核心范畴,被人们称为儒家'五常'。"

"它表达了什么思想?"

"儒家'五常'规定了个人心性品德与人伦关系规范。"

"听起来挺深奥的。"

"用一句简单的话来描述,做一个好人、君子,应具备这五个特点,仁爱、忠义、礼和、睿智、诚信。"

"如果一个人真能具备这五个特点的话,那不成'圣人'了吗?"

"你说得没错,儒家提倡人们朝着这个方向努力。我很崇拜儒家思想。"

孔子的画像(陶翠屏 摄)

"这就是你为什么重游旧地的原因吧。"

"这只是其中原因之一。"

"哦,那原因之二呢?"

"上次来曲阜,我没有去孟子的故乡。这次我想将它补上。"

"你为什么要参观孟子的故乡?"

"孟子是儒家学说的正统继承者,他将孔子建立的儒家思想向前推进了一大步。人们称孔子是'至圣',称孟子为'亚圣'。人们将孔子思想与孟子思想合称为孔孟之道,可见他们两者是分不开的。"

"孟子的故乡离孔子故乡近吗?"

"孟子的故乡叫邹城,它位于曲阜南端,约有几十公里处。"

"那里有什么可参观的地方吗?"

"那里有孟庙、孟府。等我们到了那里时,你自己去看。汉斯,今天我是不是讲得太多了,你不会没有兴趣去看了吧?"

"这怎么会呢,中国有一句俗话,叫作'百闻不如一见',我是肯定要去的。"

正在这时,列车上的广播响了:"旅客们,请注意,前方就要达到曲阜站了,……"

汉斯和Tim赶紧收拾各自的行李,准备下车。马上可以参观孔孟之乡,汉斯心里有说不出的高兴。他知道,儒家思想影响了中国两千多年,不了解它,很难了解中国人。他愿意为建设中西方之间友谊的桥梁添上自己的几块砖。

# 为何泰山为五岳之首？

汉斯和他的德国老乡Tim旅游的第二站是泰山。泰山位于山东省中部，它是在四周平原之地挺拔突出的一座山，主峰玉皇顶海拔1545米。汉斯和Tim在火车上，向中国旅客打听，泰山如何走。让他们意外的是，周围的旅客都是要去泰山旅游的。

"为什么这么多人去爬泰山？"汉斯好奇地问Tim。

"可能是因为它是五岳之首吧。"

"Tim，你为什么知道这么多呀？"

"我在旅行之前，看了一些书，查看了相关资料。"

"难怪，你之前做了功课。Tim，你能告诉我什么是五岳吗？"

"五岳是中国五大名山的统称，它们是东岳泰山，西岳华山，南岳衡山，北岳恒山，中岳嵩山。"

"哦，你还背下来了。"

"这是因为我对五岳感兴趣。"

**五岳的名称、位置以及海拔高度**

| 山名 | 岳名 | 所在地 | 海拔高度 |
|---|---|---|---|
| 泰山 | 东岳 | 山东泰安 | 1545米 |
| 华山 | 西岳 | 陕西渭南 | 2154米 |
| 衡山 | 南岳 | 湖南衡阳 | 1300米 |
| 恒山 | 北岳 | 山西大同 | 2016米 |
| 嵩山 | 中岳 | 河南郑州 | 1491米 |

汉斯用他的手机查了有关五岳的情况，又问Tim："其实泰山在五岳之中并不是海拔最高的山，泰山的海拔高度只有一千多米，为什么它被列为五岳之首呢？"

"你听说过盘古开天地的故事吗？"

"没有，讲给我听一听。"

坐火车本身也无聊，正好打发时间。于是，Tim开始给汉斯讲述盘古开天地的故事。

"中国古代有一个神话传说。说是在很久很久以前，这世界还处于混沌初开，天地刚刚分开，有一个人生长在天地之间。"

"这个人叫盘古吗？"

"正是。当时，天空每日升高一丈，大地每日增厚一丈，盘古也每天长高一丈。"

"哦。"

"经过漫长的一万八千年，天升得特别高，地变得特别厚，盘古也长得特别地长。"

"那盘古不是成了顶天立地的人吗？"

"盘古就是一位顶天立地的人啊。他呼吸的气化作了风，他说话的声音变成了雷鸣，他的眼睛眨动，发出了闪电。"

"那他高兴时会怎么样？"

"天空变得晴朗。"

"那他生气时呢？"

"天空变得阴雨连绵。"

"那后来呢？"

"后来盘古慢慢地衰老了，最后溘然长逝。"

"哦。"汉斯听得入迷，眼睛紧紧地盯住Tim。

Tim继续讲着："他那巨大的身躯轰然倒在大地上，他的头是现在的东岳，足为西岳，腹是中岳，左臂为南岳，右臂为北岳。"

"盘古是我听说过的最大的一位巨人呀！"

"盘古的眼睛变成了日月，汗毛化作花草树木，汗水变成了江河湖泊。"

"真有意思。"

"盘古是远古时代代生万物的神人。后人尊重他，将他头部变成的泰山称为五岳之首。"

"这是一个多么神奇的传说啊！"

"因此，泰山被老百姓所崇拜。它也是帝王告祭的神山，还是古代文人雅士作诗话文的好地方。"

"哦。"

"所以，泰山宏大的山体上，留下了许多古建筑群和碑碣石刻。"

"它还有文化的一面。"

"另外，它被道教、佛教视为'仙山佛国'。"

"那我们得好好地游一游。"

泰山之顶（陶翠屏　摄）

汉斯和Tim下了火车，乘汽车进入了泰山风景区。望着上山的石台阶，他们两人不约而同地说："走上去。"话声一落，两人同时又哈哈大笑，然后，他们直奔上山的石台阶了。当他们千辛万苦，爬到泰山山顶时，看到山下的景物如此之小，Tim想起了唐代诗人杜甫的五言古诗《望岳》：

岱宗夫如何？齐鲁青未了。
造化钟神秀，阴阳割昏晓。
荡胸生层云，决眦入归鸟。
会当凌绝顶，一览众山小。

Tim看着这一望无边的天地，仿佛回到了唐代，与诗人杜甫产生了共鸣。

## 青岛人如何看德国?

汉斯与Tim乘火车从济南到达青岛,这两座城市都位于山东省。他们一下火车,就乘出租车去旅馆。出租车司机看到是两位外国小伙子,好奇地问:"你们从哪里来?"

"我们从泰山来的。"不知是汉斯还是Tim回答道。

"哦,小伙子,你的中国话说得不错嘛。"

"谢谢师傅夸奖。"

"你们是哪国人?"

"我们都是德国人。"

"德国人?"

"是呀!"

"那你们可是来对了地方。"

"为什么?"

"一百多年前,德国人曾经占领过青岛。你们可以找一找过去的痕迹,看一看青岛现在的发展情况。"

"是的,当时,青岛是德国的殖民地。"

"师傅,您是什么地方的人?"Tim也好奇地问出租车司机。

"我是本地人。"

"哦,这么巧哇!"

出租车司机停顿了一会,又说:"我可以问你们一个问题吗?"

"您请讲。"

"你们喝过青岛啤酒吗?"

"喝过。"

"据说青岛啤酒还是你们德国人当时在这里传授的,可谓是正宗的德国啤酒。它与德国啤酒有区别吗?"

青岛一景(陶翠慧 摄)

Tim看了一下汉斯，说道："我觉得还是有些区别。"

"哦，我还以为青岛啤酒与德国啤酒一样呢。"出租车司机回头瞧了汉斯和Tim一眼。

Tim问出租车司机："师傅，青岛人如何看德国呢？"

出租车司机不假思索地回答道："德国的足球、啤酒，还有汽车，那在世界上都属一流的。"

"您还知道德国足球？"

"那是当然的。Bayer München, BVB……"

"师傅，您对德国足球知道得可真不少！"

"不瞒你说，我还是个足球迷。只要有足球赛，我必看，特别是有德国球员参加的比赛。"

"在中国，也能看德国甲级联赛（Der erste deutsche Bundesliga）吗？"

"没问题，什么德国甲级联赛、欧洲杯联赛、世界杯足球赛等等，在中国都有转播。"

"师傅，您是司机，我敢肯定，您对汽车也感兴趣。"Tim一下子转了话题。

"小伙子，这真被你猜中了。"

"您如何评价德国汽车呢？"

"德国汽车经久耐用，质量好，信得过，比如奔驰、宝马、大众。"

"您去过德国吗？"

"还没有，不过，我想去一次。"

"您到了德国，您最想去什么地方？"

"我最想在德国高速公路上开一次车。"

"为什么？"汉斯和Tim对出租车司机的回答感到意外。

"我听说,在德国高速公路上开车不限速的。如果驾驶着奔驰或者宝马汽车在高速公路上跑起来,那该多过瘾呀!"

"看来,您挺喜欢汽车的。"

"那是自然的,我天天跟汽车打交道。"

三人说话间已经到了目的地。汉斯和Tim下了车,出租车司机没有忘记建议他们到市中心和海边去,那里会找到许多有关德国的历史痕迹。

汉斯和Tim接受了出租车司机的建议,在旅馆房间安顿好之后,两人马上出门,准备到市中心逛一圈,寻找德国人在一百多年前留下的痕迹。

# 什么是中国人治家的法宝？

汉斯和Tim从青岛坐火车来到山西省省会——太原市。他们在太原市没有停留，直接搭乘长途汽车去了祁县。一路上，他们看到房屋建筑、路边树木、山水风景，完全不同于上海、杭州一带的风格，于是，他们两人在汽车上便讨论开来。

汉斯问："Tim，你来过山西吗？"

Tim答道："没有，这是第一次。"

"这里的房屋和树木，与上海和杭州地区明显不同。"

"我也有同感。中国地广人多，这大概就是南方与北方的区别吧。我看过电视剧《乔家大院》，就是讲这个地方的人和事。"

"这部电视剧主要讲的什么？"

"它以乔家大院为背景，讲述了一代传奇晋商乔致庸弃文从商、发财致富的故事。"

"'晋'是什么意思？"

"在中国古代，山西这一带称为晋国。到了春秋晚期，晋国各世卿为夺取晋国政权相互兼并，至公元前376年，晋国被赵、韩、魏三家瓜分。中国有一句成语，'三家分晋'，讲的就是这个故事。"

"我明白了，'晋'是山西省的简称。"

经过一个多小时的行程，汉斯与Tim到达祁县，来到乔家大院。正巧，遇到一队外国旅游团，还有英语讲解员，汉斯和Tim也加入了他们的行列。

讲解员领着这队外国旅游团在乔家大院转了一大圈。讲解结束之后，Tim凑到讲解员面前，说："先生，我能向您提个问题吗？"

"请问吧。"

"乔家一代传一代，已有二百多年的历史，为什么乔家能经久不衰呢？"

"这是因为他们有自己的家训。"

"家训？"

"乔家不仅有自己的家训，还有自己的经商之道。中国人认为，家是社会的基础，人的修养是社会进步的基石。"

"哦。"

"中国有着注重个人修身养性的传统，重视家庭教育，特别是对孩子的教育。"

"看来，家训是一种教育方法。"

"对家庭的长辈来说，总是希望把自己的人生经验和教训传授给下一辈，因此，就有了家训。"

"中国从什么时候开始有家训呢？"

"据说，它始于先秦时代，已有几千年的历史。"

"有哪些知名的家训呢？"

"有许许多多的家训，最有名的有《朱子家训》。"

乔家家训格言和乔家经商之道（陶翠屏　摄）

"《朱子家训》出自何人之手？"

"它的作者是中国著名的理学家、教育家朱柏庐（1627—1698）。《朱子家训》虽然只有五百余字，但是其内容简单明了，易懂易学。"

"哦。"

"特别是在书中以儒家思想为主导，讲述如何做人，如何处世，在中国流传很广。"

"孔夫子所创建的儒家思想在中国处处可见啊！"

"此外，《朱子家训》也是有名的儿童启蒙读物之一。"

"可以看得出，中国人通过家训将自己的经验传给下一代，下一代总结补充后，再传给下下一代。"

"这叫作代代相传。"

"没错，这也是中国的许多家族经久不衰的重要原因吧。"

讲解员低头看了看表，说："对不起，我得走了，我还要接待下一个团队。"

"先生，您的讲解对我们认识和了解中国和中国人有很大的帮助。非常感谢！"

"不客气，再见。"

"再见！"

讲解员匆匆忙忙地离开。

## 你见过道、佛、儒合一的寺庙吗?

汉斯和Tim乘汽车离开了祁县,前往五台山。山西五台山与浙江普陀山、安徽九华山、四川峨眉山,共称为"中国佛教四大名山"。

汉斯和Tim被五台山的山峦起伏、寺庙林立、风光秀美、钟磬声幽所吸引,他们花了三天时间,还没有走遍所有的寺庙。有人对五台山旅游地是这样形容的:

"东台看日出,西台赏明月,南台观山花,北台望雪景,站在中台顶,伸手摸星星。"

今天是汉斯和Tim在五台山的第四天,他们一大早起来,目的地是显通寺。他们走着走着,到了一个岔路口,不知往哪个方向走。他们正在犹豫时,身后来了一对老夫妇,Tim迎上去,打招呼说:"老大爷,您好!"

"小伙子,你好!你还会说中文啊。"

老大妈说:"说得不错嘛。"

五台山一尊大肚弥勒佛(陶翠屏 摄)

"我们想去显通寺,是往左还是往右呢?"

"真巧,我们也是去那里。如果你们愿意,可以与我们同行。"

"好哇!"

汉斯和Tim接受了老大爷的邀请,与这对老夫妇一起往山上走去。

在路上,汉斯被四周的景色所迷住,他自言自语地说:"五台山真大,寺庙也很多。"

老大爷完全赞同他的看法,说道:"是呀,要想都走一遍,还要花许多时间呀。"

前面迎来几位僧人,Tim头脑中一下子蹦出了一个问题:"老大爷,我们见到这里的僧人穿着不同的衣服,难道他们不属于同一个教吗?"

"是的,五台山是中国唯一的黄庙和青庙共存的道场。"

"黄庙是什么?青庙又是什么呢?"

"黄庙指的是藏传佛教，青庙是汉传佛教。"

"它们有什么不同呢？"

"藏传佛教和汉传佛教虽然都属于佛教，但它们有许多不同之处。"

"您能举几个例子吗？"

"我对佛教也不太懂，只知一点皮毛。"

"不管怎么说，您比我们知道的多，说一说嘛。"

"那好吧。尽管藏传僧人和汉传僧人都是出家人，但对他们的称呼不同。汉传僧人叫和尚，藏传僧人叫喇嘛。"

"哦。"

"另外，他们穿的衣服也不同。"

"我们在这里看见的僧人，有的穿红色衣服，有的穿黄色衣服。"

"你们观察得不错，穿红色衣服的是藏传佛教的喇嘛，穿黄色衣服的是汉传佛教的和尚。"

"我们只知道五台山是中国佛教四大名山之一，但没有想这里还是黄庙和青庙共存的道场。"

"你们见过道、佛、儒合一的寺庙吗？"

Tim和汉斯两人都摇了摇头。

"悬空寺就是这样一座独特的寺庙。"

"太可惜了，我是没有机会去参观了。"汉斯叹气地说。

"为什么？小伙子。"这位老大爷问。

汉斯失望地说："因为我还有几天就要离开中国，回德国去了。"

老大爷忙解释道："悬空寺离这里不远，乘汽车一会儿就到了。"

"真的？那太好了！"汉斯兴奋地大叫起来。他重复着老大爷说的话："悬空寺。"

翠屏峰峭壁上的悬空寺（陶翠屏 摄）

"悬空寺这个名字听起来很特别,它有什么来历吗?"

"悬空寺位于恒山脚下,它建在金龙峡西侧翠屏峰的峭壁间上。"

"就像它的名字那样,这座寺庙悬在半空中啊!"

"悬空寺原来叫'玄空阁',它取自道教和佛教的教理。'玄'来自道教,'空'则来源于佛教。"

"有意思,寺庙的名字就把道教和佛教联系在一起了。"

"因整座寺庙就像悬挂在悬崖之上,而在汉语中,'悬'与'玄'同音,后来改名为'悬空寺'了。"

"悬空寺是什么时候修建的呢?"

"它建于北魏太和十五年(491年),距今已有1500多年的历史了。全寺为木质框架式结构,是中国仅存的道、佛、儒合一的寺庙。"

"这么独特的寺庙,我们一定要去看一看。"

Tim不禁发出感慨:"这说明了中国人有宽阔的胸怀,他们能把三种不同的信仰合在一起,真了不起啊!"

老大爷指着前面的寺院,说:"你们看,前面就是显通寺了。"

"那好,我们先走一步,谢谢你们!"

"不客气。"

Tim和汉斯刚向前走了几步,忽然Tim回过头来,问道:"老大爷,显通寺是黄庙还是青庙?"

"小伙子,显通寺是青庙。"老大爷喊道。

"谢谢您,再见!"

Tim与汉斯两人直奔显通寺大门去了。

## 北京的建筑有何特点?

汉斯与Tim终于到了他们这次旅游的终点站——北京。他们在旅馆收拾好了东西,汉斯给马丁一打了一个电话:"丁一,我是汉斯。我已经到北京了。"

"好哇,你马上到我家来吧。"

"行,不过,我想问你一个问题。"

"请讲。"

"我这次来北京,是同我的老乡Tim一起来的。他可不可以与我一起去你家呢?"

"当然可以,欢迎你和你的老乡到我家来做客!"

"谢谢。"

汉斯放下电话,对Tim说:"丁一说了,没有问题,你可以跟我同去。"

"那好,我们现在走吧。你知道他家地址吗?"

"他家地址我写在本子上了。瞧,这本子就在我身上。"汉斯拍了拍衣服口袋说。

于是，汉斯和Tim乘地铁到达了清华园。下了地铁，汉斯拿着本子，手指着上面的地址，问一位过路的行人："您好！您知道这个地方怎么走吗？"

这位行人看了看本子上的地址，回答道："朝西走两百米，然后向南拐，再往前走五百米，再向东拐，走过两个胡同，便是。"

他的话把汉斯和Tim弄懵了。在上海问路，上海人的回答一般是向左或往右拐，没有提过什么东西南北的问题。还没等他们两人缓过神来，这位行人已经走开了。他们只好按照那位行人所说的那样，往前走了两百米，再去问另外一位过路人。这位过路人与前者一样，告诉他们朝南拐，往前，再向东拐。这可给汉斯和Tim出了难题，他们不知道，南是哪个方向？东又是何处？他们俩傻了眼，没有办法，只好硬着头皮又去问一位过路人。这次汉斯留了个心眼，他问道："老大爷，您好，您可以告诉我，哪边是东，哪边是西吗？"

这位老大爷耐心地给他解释说："这好办，您瞧，北京的街道一般是正正方方的。"

"哦。" 汉斯和Tim四周一看，还真是这样的，之前他们只顾找人问路，没有注意北京的街道和建筑的特点。

**老大爷接着说：**"你们看，我们现在面对的方向是南，我们左手边是东面，右手边是西面，我们的背后是北面。"

"那什么是胡同呢？"

"胡同就是狭窄的街道。你们瞧，前面左手边，那就是胡同。"

"胡同，这名字听起来很奇怪呢。"

"据说，'胡同'两字原是蒙古语的音译，从13世纪中叶元朝建大都于北京，这个名字就延续下来。"

"这么说，它已经有几百年的历史了。"

"是这样的。"

"老大爷，谢谢您！"

"小伙子，不客气，你的中文说得不错。"

"多谢您的夸奖。"

汉斯和Tim告别了那位老大爷。按照老大爷的指点，他们终于找到了马丁一家的大院门口。

远远地，马丁一就看见了汉斯，大声叫着："汉斯，汉斯，在这里。"

汉斯听到喊声，一看到马丁一，就奋力朝着马丁一的方向跑去。汉斯与马丁一抱在一起，这两位久别重逢的朋友高兴得不知说什么好。突然，汉斯听到Tim的咳嗽声，这才想起了Tim，拉着马丁一的手，说："我差点忘了，丁一，给你介绍我的老乡。"他领着马丁一走到Tim面前，介绍说："这是Tim，这是我的好朋友马丁一。"

Tim开口问道："你们什么时候认识的？"

"已有十二年了吧。"

"哦，那时你们才五六岁吧。"

"是的，我们俩是同一年出生，只是我比他大一两个月。"汉斯解释道。

"这么巧。"

"那时，丁一还在德国。"

"这么长时间，你们还有来往。"

"尽管过去了十二年，可我们是孩提时相处的好朋友。虽然有变化，但我们一眼就能认出对方，你说怪不怪。"

Tim看到汉斯与马丁一交谈的热乎劲，便知道他们之间有多深厚的友情啊！

汉斯接下来转了话题："丁一，我们刚才经过了几个胡同，那后面是什么房子呀？"

"那是北京的四合院。"

"哦。"

"你们没有见过北京的四合院吧。"

"没见过。"

"北京的四合院是北京独特的一种建筑，它属于汉族传统合院式的。"

"怎么从外面看，都是青砖灰瓦。"

"这是它的特点之一。"

"为什么叫四合院呢？"

"这种房屋有一大特征，它有正房（北房）、倒房（南房）、东厢房和西厢房，四座房屋在四面围合，形成一个'口'字形，中央是一个庭院，所以，被称为四合院。"

"有意思，由四座房屋从四个方向合围成的院子。"

"Tim，你总结得好！如果有时间，我带你们参观一下北京的四合院。"马丁一建议道。

"丁一，今天我们为了找你家，可费了不少工夫。不过，也让我们了解了一些有关北京城市规划的知识。"汉斯得意地对马丁一说。

"除了北京的四合院，你们还看见了什么？"马丁一好奇地问汉斯和Tim。

"胡同呀！我们经过了几个胡同，才到你这里的。"

"你们果然知道了不少啊！"

"还有北京人描述怎么到你家，正南，正北，向东拐，……"

汉斯还没有把话说完，他们三人顿时哈哈大笑起来。一点不假，这的确是北京人说话的特点呀！

## "单位"有哪几个意思?

马丁一领着汉斯和Tim到了他家,他父母亲还没有下班。马丁一的家住在三层,是三室一厅的房子。Tim第一次到马丁一的家,对中国人的住房很感兴趣,他问马丁一:"丁一,你家房子是买的吗?"

"是,又不是。"

"此话怎讲?"

"这房子本属于我父亲单位,后来我父母将它买了下来。"

"哦,这么说,这房子以后就属于你喽。"

"我有居住权,但没有所有权。"

"没想到,还挺复杂的。"

"情况是这样的,我父母在买房子时,享受了我父亲单位的优惠。房屋的产权归单位,我们只有居住权。这类房子被称为福利房。"

"我常常听人提到单位。什么是单位?不是重量、大小、长短的单位吗?"汉斯百思不解地问马丁一。

马丁一笑着答道:"汉斯,你把工作单位与度量单位混淆了。它们可不是一回事呀。"

"怎么不是一回事，不都是'单位'两个字吗？"

马丁一耐心地解释道："它们虽然是同样两个字，但是，适用的语境不同，所以，它表达的意思也不同。"

"'单位'有哪几个意思？"

"'单位'有两种解释，其一，指计量事物的标准量的名称。比如，米为计算长度的单位，千克是计算重量的单位，正像你说的那样。"

"那其二呢？"

"其二，指机关、团体或者部门。"

"你能打个比方吗？"

"我举个例子吧，我父亲的单位是中国科学院，我母亲的单位是一家贸易公司。"

"原来是这么一回事。经常听中国人说单位，我一直没弄明白。"汉斯望着马丁一说道："对了，我发现，中国计量事物的单位与我们不同，什么斤、尺、亩等等，它们是什么单位呢？"

"'斤'是重量单位，1斤等于500克。"

"哦，2斤为1公斤。那么尺呢？"

"尺是中国人传统的长度单位。"

"哦。"

"1尺为10寸，1丈为10尺，3尺相当于1米。"

"还有走了多少里，里也是长度单位吗？"

"是的，1里等于500米，2里为1千米。"

"亩是什么单位？"

"亩是面积单位。"

中国的老秤（陶翠微 摄）

"哦。"

"1亩约等于666平方米。"

"也有容量单位吗？"

"当然有，以前用斗、石，如今都不用了。但有一个单位还在用，就是'升'。"

"'升'？"

"1升为1立方分米，也就是1000立方厘米。"

"不说不知道，一说吓一跳。经你这么一说，有这么多的单位我们都还不了解啊。"

"是呀，不知会造成多少误会呀！"

"那可不是！"

这时，他们三人相互看了一眼，马丁一说："汉斯，Tim，你们想不想去参观我的学校。"

"好哇！"汉斯叫道。

"好主意！"Tim说。

说完，他们三人出了马丁一的家门，朝着马丁一的学校走去。

# 中国大学的学生宿舍是什么样子的？

马丁一与汉斯和Tim一起离开了他的家，来到他的学校——北京大学。北京大学是中国最著名的高等学府之一，校园环境优美，绿荫葱葱。他们先参观了教学楼、图书馆，然后在大学里绕了一圈，最后来到了马丁一住的学生宿舍。马丁一正领着汉斯和Tim走入宿舍大门，听到有人喊道："等一等，你们是干什么的？"

他们回过头一看，一位老大爷正站在他们的身后，马丁一急忙解释说："我是这学校的学生，就住在这里。"

"这我知道。"他指着汉斯和Tim，问："他们俩是干什么的？"

"哦，这两位是我的朋友，来我住处看一看。"马丁一忙解释着。

"你的朋友？外国人？"

"是的。"

Tim解释说："我也是大学生，在上海复旦大学读书。"

"哦？"老大爷有些怀疑。

Tim连忙拿出自己的学生证，说道："您看，这是我的学生证。"

老大爷瞟了一眼Tim的学生证，说："好吧，进去吧！"

他们三人进了学生宿舍的大门，汉斯对马丁一说："没想到，你们这里管得好严啊！"

"也许是你们两个老外，太显眼了吧。"

学生宿舍楼有五层，每一层均是一条长廊，两边对着门。现在没有多少学生在宿舍里。马丁一推开一间宿舍的门，对汉斯和Tim介绍说："你们看，这就是我的宿舍。"

房间内没人，汉斯和Tim在房间里走了一圈。房间里有四张床，床为上下铺，它们靠着墙，中间有拼在一起的四张桌子。

"你们这里住几个学生？"Tim开口问。

"我们一共住六个人。"

"房间不大，感觉有点挤。"汉斯评论道。

"我家在北京，一般周末回家，所以，我放在这里的东西不多。"

"不是所有人都来自北京吧？"

"当然不是，大多数人来自外地。"

这时，有人推开了房间门走了进来。马丁一一看，是他同宿舍的同学，便介绍说："这是我同学，小高。这是我的朋友汉斯，……"

没等马丁一介绍Tim，Tim主动上前说："你好，小高！我叫Tim。"

"你好！Tim，你还会说中文？"

"会一点，我是复旦大学中文系学生。"

"难怪，你中国话说得这么流利。"

"小高，你从什么地方来的？"

"我从四川来的。你们是哪国人？"

"我俩都是德国人。"

中国大学的学生宿舍是什么样子的？

"哦，你们聊吧，我得去锻炼身体了。很高兴认识你们。"

"我们也一样。"

小高离开了房间，马丁一指着小高的背影，说："他是我们班上学习最好的学生，他能吃苦，特勤奋，学习很用心。"

这时，马丁一的手机响了起来，他接通电话，听到他的母亲问："丁一，汉斯到了没有？"

某大学学生宿舍外观（陶翠屏 摄）

"妈妈,汉斯到了,还带来一位他的老乡,Tim。"

"那好哇!你领着他们直接到餐馆来。"

"好的,妈妈。"

马丁一放下手机,对汉斯和Tim说:"我们得赶快走了。"

"到哪儿去?"汉斯问。

"我们去餐馆。我父母请你们吃饭,给你们接风洗尘啊。"

"那我们走吧!"

匆匆忙忙地离开了马丁一的宿舍,他们三人朝着餐馆的方向走去。

## "老三件"是什么?

今天,马丁一要到学校办事,汉斯和Tim两人一起去故宫参观。故宫,又名紫禁城,是中国乃至世界上保存最完整、规模最大的木质结构古建筑群。参观完故宫,汉斯提议:"我想去买些东西,好带回家送人。"

"好哇!王府井大街是北京最热闹的地方,离这里不远,我们步行去那儿吧。"

"Tim,你对北京很熟悉吗?"

"不熟悉。"

他们走着走着,Tim四周张望,似乎在寻找什么东西。

汉斯问Tim:"你在找什么呀?"

Tim答道:"奇怪了,我在读介绍中国的许多书中,描述了北京街道上有数不清的自行车,称中国为自行车王国。你看一看,这街道旁,放着五颜六色的自行车,可路上的汽车明显多于自行车呀。"

"我想,自行车被汽车代替了吧。"

"是呀!太可惜了。"

Tim 没有在街道上看见数不清的自行车，感到特别失望。

汉斯说："我们可以问一问马丁一，说不定他知道真正的原因。"

晚上，马丁一请汉斯和Tim到他家吃饭。吃饭时，马丁一的母亲问汉斯："汉斯，你和Tim今天都去了哪些地方？"

汉斯答道："今天上午我们先去了故宫，然后到王府井买东西。"

这时，Tim 壮着胆子，直言不讳地问马丁一的母亲："丁阿姨，在我来中国之前，我看了许多介绍中国的书。大多数书中写道，中国是'自行车王国'，特别是在北京。它似乎印在我的头脑中。"

"哦。"

"可是，我来到北京之后，虽然街道上也有五颜六色的自行车，但还是小汽车多于自行车。"

"让你失望啦？"

Tim点头说："有那么一点。"

马丁一的母亲看到Tim失望的样子，向他解释道："那五颜六色的自行车是现在最时髦的共享单车。在20世纪七八十年代，中国确实是一个名副其实的'自行车王国'。"

"哦，还真有这么回事。"

"当时，上下班期间，那浩浩荡荡的自行车川流不息，特别壮观。"

马丁一的父亲也感慨地说："时间过得真快。对了，汉斯，Tim，你们听说过当时中国年轻人结婚的'老三件'吗？"

"没有。"

"这'老三件'就是手表、自行车和缝纫机。"

Tim紧接着问："那后来呢？"

"这'老三件'，也称'三大件'。随着时代向前发展，还是'三大

停在马路旁的共享单车(陶翠微 摄)

件',可东西则大不一样啦。"

"爸爸,您快说下去吧。"马丁一迫不及待地催着他父亲。

马丁一的父亲接着说:"到了上世纪的八十年代,'老三件'变成了'新三件'——冰箱、彩电和洗衣机。"

"那九十年代呢?"

"人们生活好了,'新三件'说法也不一样了。有的说是空调、录像机和电脑,也有的说是摩托车、手机和电脑。"

Tim问:"现在我们到了21世纪,这'老三件'变成了哪'新三件'呢?"

"Tim,你这个问题,我可答不上来了。"

马丁一的母亲接过话题,说:"Tim,我听别人说过,这'新三件'是房子、车子和票子。"

"噢!这'新三件'可不是容易办得到的。"Tim吓了一跳,喊了起来。

马丁一的父亲说:"是呀,以后真不知道'老三件'会变成什么样的'新三件'啰。"

"是呀。"

马丁一的父亲一下子转了话题,说:"我们得向荷兰人学习,把自行车变成生活中不可缺少的一部分。"

"爸爸,您说得对,我们中国人的环保意识还要不断增强。现在中国地铁发展得也很快,它既方便,又省时间,还环保。如今越来越多的人放弃开车上班,选择地铁和共享单车了。"

"共享单车与地铁还有联系吗?"汉斯问道。

"当然有啊,它解决了住处到车站和车站到工作单位的'最后1公里问题'。我希望,让更多的自行车重新回到马路上,重回'自行车王国'。"马丁一激动地说道。

大家都点了点头,赞同马丁一的观点。

# 旧报纸还可以卖钱吗?

第二天，汉斯与Tim想去胡同和四合院看一看，正巧，马丁一有空，他租了三辆自行车，领着汉斯和Tim，骑自行车到老北京城溜达溜达。他们转了东巷，串西巷。从街道和房子建筑外观来看，似乎大同小异，狭窄的街道，灰色的砖墙。他们骑着骑着，迎面来了一位骑着三轮车的人，他边敲着破锅边喊着："收废品啰！旧书旧报纸，破铜烂铁，废锅废冰箱，都拿来换钱啰！"

汉斯和Tim不由自主地停了下来，他们俩推着自行车，慢慢走近这位陌生人。这人脸黑，很瘦，大约三十来岁。他看见两个老外迎面向他走来，有点紧张，但他还是继续大声喊着："收废品啰！……"

Tim年龄比汉斯大，他在中国待了近一年，这种情景也是头回见。他不管三七二十一，上去主动地跟这位陌生人打招呼："您好！师傅。"

"您好！"这位陌生人奇怪地望着Tim，不知道这老外要干什么。

"您这是卖什么？"

"我不卖什么，而是买什么。"

收废品的人在等待好运气（陶翠屏　摄）

"什么？您不卖，而是买，那您怎样能挣钱呢？"汉斯着急地问。

"我收购旧书报，买破铜烂铁。"

汉斯接着问："旧报纸还可以卖钱吗？"

"当然可以。"

"怎么挣钱呢？"汉斯百思不解地询问下去。

"我先收购这些废品，然后转卖给废品收购站。"

"哦，我现在明白了。"

汉斯感叹道："这是一件很辛苦的差事啊。"

"您肯定不是北京人，您从哪里来？"马丁一紧接着问。

"我从安徽来的。现在在农村挣钱不容易,我想到城市来碰碰运气。"

"您能挣到钱吗?"

"能挣到一点儿,有时多,有时少,要碰运气了。"

Tim说:"师傅,祝您今天撞大运,挣大钱!"

汉斯和马丁一点了点头。

这位陌生人感激地说道:"谢谢您,借您的吉言,希望今天能走好运。"他蹬上自己的三轮车,与汉斯、Tim和马丁一告别:"对不起,我得走了,再见!"

"再见!"

汉斯和Tim望着这位陌生人的背影,深深地感受到,每个人都有自己的梦想。他的梦想就是能多挣点钱,无论怎样辛苦,靠自己的能力去奋斗。这里面的酸甜苦辣连汉斯和Tim似乎都体会到了。

## 中国人最喜欢下的棋是什么？

你知道，中国人最喜欢下的棋是什么吗？它不是国际象棋，也不是围棋，而是中国象棋。

在北京这几天，汉斯和Tim去过不少地方。他们发现，小街小巷，公园里，马路边，总有三五成群的人聚在一起。从远处看，根本不知道他们在干什么，走近一瞧，原来那里坐着两个人，面对面在下棋。

"请问，老师傅，他们下的什么棋呀？"

"中国象棋。"

"我只听过国际象棋，没有听过中国象棋。"

一位旁观的长者说："你这小伙子，真是孤陋寡闻啰。"

另一位旁观长者打抱不平，说："不奇怪，一个外国人怎么会知道中国象棋。"

Tim很谦虚地向这位长者请教：" 老师傅，您能给我们讲一下中国象棋的特点吗？"

"小伙子，我不知道国际象棋如何，可中国象棋历史悠久，用具简单，

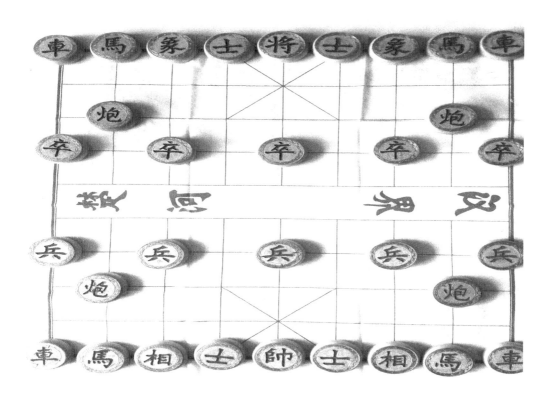

中国象棋（陶翠屏 摄）

趣味性强啊。"

"哦，中国象棋还有这么多特点。那中国象棋的棋盘与棋子又是怎样呢？"

"中国象棋使用方形格状棋盘和红黑二色圆形的棋子。"

"棋盘上的线条表示什么意思呢？"

"你看，棋盘上有十条横线，九条竖线，中间有未画竖线的空白地带，这空白地带称为'楚河汉界'。"

"真有意思。"

"棋子共有32个，分为红、黑两组，各有16个。"

"它们有各自的名称吗？"

国际象棋（陶翠屏　摄）

"当然有，中国象棋棋子按照棋子的位置不同，名称各异。"

"这一点像国际象棋。"

"中国象棋虽然有些棋子的位置和角色一样，但字的写法不同。"

"怎样不同？"

"比如：

　　红为'帅'，黑为'将'；

　　红为'仕'，黑为'士'；

　　红为'相'，黑为'象'；

　　红为'兵'，黑为'卒'。"

"为什么这么多人喜欢下中国象棋呢？"

一个说:"用具简单,自己随便用一张纸就能画出来。"

另一个说:"它如同模拟古代战争,有趣。"

还有一个补充道:"中国象棋可以开发智力,还可以锻炼意志,修身养性。"

"你到中国各地的小巷子看一看,老百姓最爱下的棋就是中国象棋。"

Tim问:"不是围棋吗?"

"围棋的棋盘与棋子肯定比中国象棋要贵得多。另外,围棋下一局的时间长。"

"您说的有道理。"

"所以,在中国,中国象棋的普及程度比围棋广、比围棋深。"

忽然听到有人喊:"将军。"

"'将军'是什么意思?"

"'将军'就是一方就要吃掉另一方的'帅'或者'将'了。"

"这么说,就要获胜了?"

"小伙子,你说得也不完全对。"

"为什么?"

有人在说:"赶快先上车,然后……"

"你听,还没有成定局,有扳回的可能性。"

这时,围观者们突然兴奋起来,有的当参谋,有的作评论,人家你一言我一语,争得脸红脖子粗。

汉斯和Tim离开了这里,继续往前走了。围观者的吵闹声仍然在他们耳边回荡。

## 汉字有几种写法？

汉斯和Tim在马丁一的陪同下，去了一家大商场，准备买一些礼物。可巧，今天这家商场有促销活动，在商场的第一层中挤满了人，他们好像在抢购什么。汉斯说："我们过去看一看，说不定有我想要买的东西。"

"那好吧，我们也去凑个热闹。"

于是，他们三个小伙子使劲往里挤，终于挤到里面。他们这才看到，柜台前挂着一个大牌子，上面写着"**臺灣專櫃**"。这四个字，汉斯和Tim一个也不认识。汉斯摸了摸自己的头，耸了耸肩，问马丁一："我的小老师，这牌子上写的是什么，怎么会有这么多笔画呢？"

马丁一笑了一笑，回答道："这写的是**繁体字**。"

"**繁体字**？"汉斯看着Tim，Tim又看着汉斯，他们两人都摸不着头脑，摇了摇头。马丁一会意，便解释说："在中国大陆使用简体字，在台湾、香港和澳门则用繁体字。"

"哦。"

"你们看，这牌子上写的字，你们认识几个？"

"我一个也不认识。"汉斯说。

"我也是。"Tim答道。

马丁一从他自己的书包中,拿出笔和纸,在纸上写下四个字,然后将纸交给了汉斯和Tim,问道:"你们认识它们吗?"

"这不是'台湾专柜'嘛。"

"对呀!其实这四个字你们都认识,只是写法不同。"

"汉字有几种写法?"Tim问道。

"汉字有简体字和繁体字之分。"

汉斯说:"这么说,有两种写法。"

马丁一点了点头。

Tim抬头看了看上面的牌子,低头瞅了瞅马丁一写在纸上的字,感慨万千:"这繁体字写的'**臺灣專櫃**',可比简体字'台湾专柜'的笔画要多得多,写一个字不知要花多少时间。此外,也不容易记呀。"

"Tim,你一语道破了简体字与繁体字的最大区别,以及它们的优缺点啊。不过,随着简体字的普及,让有些人忘记了繁体字,看不懂过去的书籍了。因此,现在推行一种政策。"

"什么政策?"

"这就是'识繁应简',也就是说,认识繁体字,书写简体字。"

"原来是这样的。"

"好了,我们该去看一看可以买什么礼物了吧。"

"那我们现在快走吧!"

他们三人上楼开始逛商场了。

## 部分汉字简繁体举例表

| 简体字 | 繁体字 | 汉语拼音 | 英语 |
|---|---|---|---|
| 龙 | 龍 | lóng | dragon |
| 湾 | 灣 | wān | bay |
| 晋 | 晉 | jìn | call on |
| 门 | 門 | mén | door；switch；knack |
| 鲁 | 魯 | lǔ | stupid；impetuous |
| 丝绸 | 絲綢 | sī chóu | silk |
| 琼 | 瓊 | qióng | jade；jasper；red stone |
| 云 | 雲 | yún | cloud；say |
| 夹 | 夾 | jiā | get hold of；carry ... under one's arm；folder |
| 面包 | 麵包 | miàn bāo | bread |
| 大麦 | 大麥 | dà mài | barley |
| 区 | 區 | qū | distinguish；area；region |
| 气压 | 氣壓 | qì yā | air pressure |
| 广 | 廣 | guǎng | broad；numerous |
| 范围 | 範圍 | fàn wéi | limit |
| 适用 | 適用 | shì yòng | be applicable |
| 题材 | 題材 | tí cái | theme |
| 主题 | 主題 | zhǔ tí | subject |
| 乐园 | 樂園 | lè yuán | playground |
| 旅游 | 旅遊 | lǚ yóu | tour |
| 地点 | 地點 | dì diǎn | location |
| 会议 | 會議 | huì yì | meeting；council |
| 目录 | 目錄 | mù lù | catalogue；table of contents |
| 图书 | 圖書 | tú shū | books |
| 调查 | 調查 | diào chá | investigate |
| 报导 | 報導 | bào dǎo | report |
| 连载 | 連載 | lián zǎi | serialize |
| 电视剧 | 電視劇 | diàn shì jù | TV play |
| 语言 | 語言 | yǔ yán | language |
| 层级 | 層級 | céng jí | level |
| 干 | 幹 | gàn | do；trunk；act as |
| 什么 | 什麼 | shén me | what；something；anything |

# 数字的汉字写法还有大小写之分吗？

离汉斯回德国的时间越来越近。在收拾行李时，汉斯发现了不少收据和发票，顺口说了一句："我得把发票收好，说不定用它还可以退一些税。"

Tim反问汉斯："汉斯，你想退什么税？"

汉斯拿着收据和发票，在Tim眼前一挥，说："这里面的税呀。"

"你手中的是收据，退不了税的。"

"Tim，你不是在开玩笑吧。"

"汉斯，你看，我像开玩笑吗？"

"为什么不能退税呢？"

"你仔细看过手上的发票没，上面标明了多少税吗？"

Tim的话提醒了汉斯，到现在为止，他还没有仔细看过这些发票，于是，汉斯开始检查发票。

Tim问汉斯："你查到了没有？"

"没有，看来你是对的。"

"这里与欧洲不同，一般是退不了税的。"

"Tim，你瞧，在下面合计一栏中，写的什么呀？"

"那是数字的汉字写法中的大写。"

"什么？数字的汉字写法还有大小写之分吗？"

"当然有啦。"

"你会写吗？"

"我会写一点，不太熟悉。"

Tim打开他的笔记本电脑，搜索了一会："我查到了。"

汉斯走过来，Tim指着屏幕说："你看，这就是数字的大、小写汉字。"

**阿拉伯数字与其对应的汉字小写、大写及汉语拼音**

| 阿拉伯数字 | 汉字小写 | 汉字大写 | 汉语拼音 |
| --- | --- | --- | --- |
| 0 | 〇 | 零 | líng |
| 1 | 一 | 壹 | yī |
| 2 | 二 | 贰 | èr |
| 3 | 三 | 叁 | sān |
| 4 | 四 | 肆 | sì |
| 5 | 五 | 伍 | wǔ |
| 6 | 六 | 陆 | liù |
| 7 | 七 | 柒 | qī |
| 8 | 八 | 捌 | bā |
| 9 | 九 | 玖 | jiǔ |
| 10 | 十 | 拾 | shí |

"还有其他的吗？"

"当然有啦,它们还有:

汉字小写:百、千、万、亿;

汉字大写:佰、仟、万、亿。"

"这汉字大写数字的笔画可真多呀!"

"正因为它们笔画多,才不容易被涂改、伪篡,所以,它们多用于银行票证、支票、发票以及合同协议等。"

"这么说,在这些场合下使用汉字大写数字已成为一种规定了?"

"是这样的。据说,明朝开国皇帝朱元璋为了增加涂改造假账册的难度,首次推行用汉字数字大写的规定。毫无疑问,通过这一措施,的确提高了账目的安全性。"

突然,汉斯很想考一考Tim,便说:"Tim,我举个例子,看你会不会用汉字大写数字表示。"

Tim镇静地说:"汉斯,你说一个数字吧。"

"比如,88088.08元,如何用汉字大写数字表示呢?"

"汉字大写数字是:捌万捌仟零捌拾捌元零捌分。"

"这的确不容易涂改。Tim,没有想到,你一名学中文的大学生,对数字也感兴趣啊?"

"汉斯,不瞒你说,我正在考虑是不是加学经济。"

"Tim,多学一门,总不会有错。我支持你。"

"谢谢你,汉斯。我劝你,你以后上大学,最好学经济。"

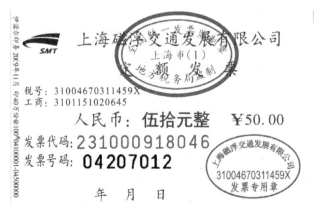

定额发票(陶翠屏 摄)

"为什么呀?"

"因为毕业之后,容易找工作啊。"

"我还没有想那么远。不过,我想和你一样,先学中文,然后再看情况吧。"

"好哇!我们不仅是老乡,还有可能成为校友呢。"

"那可说不定。"

汉斯又开始收拾他的行李箱,把退税的事抛到九霄云外。退不了税,也没有关系,他今天学了数字的汉字大小写,这是他最大的收获。

# 为什么中国人把龙看作自己的象征？

今天，马丁一带着汉斯和Tim去了天坛公园。在那里，他们参观了明、清时帝王祭祀皇天、祈五谷丰登的地方。

Tim在天坛公园的许多地方都看见龙的图案，便说："前几天，我们参观了故宫，那里比这里的龙还多。"

Tim马上问马丁一："丁一，龙是中国人的象征吗？"

"对，龙是中华民族的象征。对于中国人来说，龙已经刻入我们的脑海里，渗透到我们的血液中。中国人称自己是'龙'的传人，'龙'的子孙。"

汉斯说："真是奇怪，在我的记忆中，龙是恶魔的象征。"

马丁一马上解释说："这就是中国龙与西方龙的区别呀。"

"哦，我还是第一次听说有中国龙与西方龙之别。"

Tim问："中国龙是什么样子呢？"

"在中国，龙是一种传说中的生物。有传说，它的相貌由九种动物合为一体。"

"哪九种动物？"

"角似鹿,头似驼,嘴似驴,眼似龟,耳似牛,鳞似鱼,须似虾,腹似蛇,足似鹰。"

"好家伙,龙真是一种神奇动物啊!中国的龙与我们所说的龙的确不同。"

"除了这些,它还有哪些特点呢?"

"传说,龙能显能隐,能细能巨,能长能短,能走,能飞,能游泳,还能呼风唤雨。"

"真神奇啊!"

"为什么中国人把龙当作自己的象征呢?"

"我想有好几个原因吧。"

"哪几个?"Tim迫不及待地追问下去。

"其一,龙在中国古代神话故事当中,有着相当重要的地位。比如,龙

高足盖碗上的龙(陶翠屏 摄)

屋门上的龙（陶翠屏　摄）

王爷，老少皆知。"

"在《西游记》中，就有描述龙王的故事。"

"其二，龙代表着祥瑞，它与凤凰、麒麟、龟一起被称为'四瑞兽'。"

"我们在故宫博物馆里的建筑中看见过。"

"其三，龙是帝王的象征，还有其四，中国的很多传统节日也与龙有关，如元宵节耍龙灯、端午节划龙船等等。"

"哎，Tim，你是属龙的吗？"

"是的。"

"龙在中国十二生肖中排第五位。"

"看来西方人的确误解了中国龙的意思。"

"Tim，你说得没错，应该把英文的'dragon'与中国的'龙'区别开来。"

"那最好创造一个新词,来代替它。"

"Tim,你说得对。"

"我们可要好好想一想这个词啊。"

马丁一说:"我看,用不着想什么新词了。"

"丁一,为什么?你是不是有什么好主意呢?"

"我认为,就用'龙'字的汉语拼音'lóng'来代替。"

汉斯赞同马丁一的看法:"这个主意倒不错。"

"我觉得,还是用一个新字代替为佳。"Tim坚持自己的想法。

他们三人还在争论"龙"字的英文表达方式,把吃饭的时间都给忘了。

# 汉语中到底有多少个量词？

汉语中的量词在世界各种语言当中属于很特殊的一种。对于外国人学习汉语而言，它又是一只"拦路虎"。

今天早上，汉斯和Tim起床后，去旅馆餐厅吃早餐。一位旅馆工作人员在烤面包，汉斯拿着盘子对这位旅馆工作人员说："师傅，请给我两付面包。"

那位工作人员没听明白，问道："什么？"

"两付面包。"

"两付面包？先生，对不起，我没有明白您的意思。"

汉斯竖起食指和中指，工作人员一看，便恍然大悟，立即回应说："原来您想要两片烤面包呀。"

"对的。"

汉斯接过面包，说了声："谢谢。"

汉斯端着盘子，回到餐桌坐下，对Tim说："汉语的量词太多，不容易掌握。刚刚差点闹了误会。"

Tim 深有同感，点了点头，问："发生什么事了？"

汉斯一五一十地描述了刚才发生的事情。他刚说完，就看见了马丁一。他们已经约好，今天去爬长城。汉斯一见到马丁一，直接开口问："丁一，你来的正好，我们正想请教你一个问题。"

"什么要紧的事呀？"

"汉语中到底有多少个量词？"

"我还以为是什么要紧的事。你问的是量词有多少啊，具体数字我不太清楚，估计有几百个吧。"

"大概有多少？"

"五百多个吧。"

"好家伙，有这么多！"

Tim插话问道："丁一，西方语言可没有这么多的量词啊。为什么汉语中会有这么多的量词呢？"

"Tim，我不是学语言的，你的这个问题涉及语言学，太专业了。"

"丁一，没关系，你可以谈一谈你的看法嘛。"

"Tim，那好吧，我讲一讲我的看法，在你这语言专家面前献丑了。"

"快说吧，我们洗耳恭听。"

马丁一沉思了一会，说道："你们是知道的，汉语中的名词没有英文的复数词根，它是通过量词来表达名词数量的。"

汉斯惊奇说："哦。"

"还有汉语的量词使得名词可数化。"

"你能打个比方吗？"Tim紧追着问下去。

马丁一看到汉斯和Tim这么着急的样子，还是不慌不忙地坐下来说："不要着急，你们总得让我喘口气吧。"

汉斯和Tim两人相视一笑，马丁一还是没开口，汉斯实在沉不住气了，忙说："丁一，快举一个例子吧。"

马丁一解释道："比如，类似水的液体，根据它的状态用点、杯、瓶、滩、片等量词来指代。"

汉斯和Tim听入神了，他们两眼直盯着马丁一。马丁一继续解释说："在有些语言中存在阴性、阳性和中性名词，它已将名词分了类，德语就属于这一类，汉语则没有。汉语是通过量词来体现名词类别的。"

"丁一，你愈说，我们愈觉得有意思了。"

"又如，'口''位''个'这些量词用于人，而'头''只''条'等量词多用于动物。"

"难怪常听人说，三口人，两只猫，一个苹果，五斤梨。"Tim说道。

马丁一继续讲述："我认为，还有一个原因。"

"什么原因？"Tim马上追问道。

"汉语中的量词是为了区别同音字。"

"汉语中的同音字确实很多。没有上下文，你还真不知道用哪个字。"Tim发表自己的体会。

"Tim，你说得对。不光是你们外国人，中国人也一样有这样的感受。比如，有人问你姓什么，你说，你姓zhāng，别人一定还会继续问你，是弓长张，还是立早章。"

"没错，我听说过。"Tim证实这一点。

"总而言之，汉语中的量词能区分名词的类别，使得语言交流由繁到简。"

汉斯感叹道："这就是为什么汉语中有那么多的量词吧。"

"是呀，在西方无论哪一种语言，都没有这么多的量词。"Tim表示赞同。

"汉斯，Tim，汉语量词一方面让汉语表达更加准确、更加形象，更加丰富，另一方面，增加了人们学习汉语的难度。"

"丁一，你说得有道理。"Tim说道。

"不过，我坚信，汉斯，Tim，你们俩一定能学好汉语的。"马丁一看他们碗中还有饭，催促起来："你们赶紧吃饭吧，我们还要去爬长城呢。"

"对了。"

汉斯和Tim一口接一口迅速吃完早餐，准备好了行装，与马丁一一起向长城方向出发了。

**部分中文量词分类举例一览表**

| 量词分类 | 量词 | 汉语拼音 | 举例 |
| --- | --- | --- | --- |
| 人 | 个 | gè | 两个大人 |
|  | 位 | wèi | 三位老师 |
|  | 条 | tiáo | 四条好汉 |
| 动物 | 只 | zhī | 一只鸟 |
|  | 匹 | pǐ | 两匹马 |
|  | 头 | tóu | 三头牛 |
|  | 条 | tiáo | 四条鱼 |
| 人和动物的器官部位 | 个 | gè | 两个脑袋，一个舌头，两个拳头 |
|  | 只 | zhī | 一只手 |
|  | 颗 | kē | 两颗牙齿，一颗心 |
|  | 根 | gēn | 三根头发 |
|  | 张 | zhāng | 一张嘴 |
| 植物和水果 | 棵 | kē | 三棵白杨树 |
|  | 株 | zhū | 一株小草 |
|  | 朵 | duǒ | 五朵金花，三朵玫瑰 |
|  | 片 | piàn | 四片叶子 |
|  | 颗 | kē | 两颗种子 |
|  | 粒 | lì | 一粒米，一粒葡萄 |
|  | 个 | gè | 一个苹果，三个橘子，四个梨，五个李子 |
|  | 根 | gēn | 一根香蕉 |

续表

| 量词分类 | 量词 | 汉语拼音 | 举例 |
| --- | --- | --- | --- |
| 饭、餐和食物 | 顿 | dùn | 一顿早饭 |
| | 份 | fèn | 一份午餐，一份中餐，一份点心 |
| | 根 | gēn | 两根油条，一根冰棒，五根棒棒糖 |
| | 个 | gè | 一个馒头，一个包子，一个鸡蛋 |
| | 道 | dào | 一道菜 |
| | 片 | piàn | 一片面包 |
| | 块 | kuài | 一块蛋糕，一块西瓜 |
| 日用品 | 根 | gēn | 一根火柴，一根蜡烛 |
| | 双 | shuāng | 一双筷子 |
| | 把 | bǎ | 一把叉子，一把伞 |
| | 张 | zhāng | 一张餐巾纸，一张桌子，一张床 |
| | 条 | tiáo | 一条板凳，四条毛巾 |
| | 个 | gè | 一个脸盆 |
| | 面 | miàn | 一面镜子 |
| | 桶 | tǒng | 一桶水 |

# 长城有哪些迷人之处？

汉斯和Tim吃完早餐，马丁一领着他们离开了宾馆，来到了天津黄崖关长城。他们三人站在雄伟的长城上，欣赏着长城内外的一片秋景，树叶被太阳光染成了红色、黄色和金色，就像一幅绚烂的油画。他们大步走在千年前修建的长城台阶上，想到这是在太空上能用肉眼观望的地球上唯一的建筑，兴奋无比，激动地跳了起来。

马丁一大声喊着："不到长城非好汉！"

Tim马上跟着喊到："我们是真正的好汉！"

"是呀！是呀！我们是真正的好汉！"汉斯赞同地喊着。

他们三人喊着，唱着，跑着，跳着。

汉斯突然停下来，问道："长城是什么时候建的？"

马丁一答道："从春秋战国时代（公元前770年 — 公元前221年），各国就开始修建长城了。"

"哦。"

"特别在秦始皇统一中国之后，又将各国修建的长城连接起来，后来各个朝代也对长城进行了加长和修筑，形成了如今的万里长城。"

"为什么称之为万里长城呢？"

"因为长城从位于西面的嘉峪关，到东面的山海关，全长约有6700公里，所以人们称它为万里长城。"

"无疑，长城是军事防御工程。"Tim说道。

"长城是世界上修建时间最长、工程量最大的一项古代军事防御工程。自西周时期开始，延续不断地修筑了两千多年。人们这样描述它，'上下两千多年，纵贯十万余里'。"

Tim手指向前方，问道："那前面是什么？"

"那是烽火台。如果有情况，士兵会点燃烟火，邻台看见后会依样随之，这样敌情会被传递到军事中枢部门。所以说烽火台是传递军情的设施。"

黄崖关长城（陶翠屏　摄）

"那远处山顶上的建筑是什么？"Tim又问。

"那是关城，它作为万里长城防线上最为集中的防御据点。"

"你们看，这关城修在多么险要的位置！"

"Tim，你真有军事眼光。它们往往设在有利于防守地形的地方，古称'一夫当关，万夫莫开'。"

"'一夫当关，万夫莫开'。"Tim 默默地念道，然后他立即喊道："这形容得太合适了！"

Tim接着说："万里长城凝结着中国先人的血汗和智慧。"

马丁一接过话："你说得对，它也是中华民族的象征和骄傲。"

他们正想继续走，马丁一又补充道："现在来自世界各个国家的人都来这里旅游。另外，每年5月的第三个星期六，在这里举行天津黄崖关长城国际马拉松。"

"哦。"

"从1999年开始，组织者提出的口号是，跑上5164个台阶，回到两千年历史之中。"

"哇！平常的马拉松就已经不容易了。在这里还要跑5164个台阶，这是多么难的事呀！"

"是呀！不过，黄崖关长城国际马拉松正因为有挑战性、有刺激性、有吸引力，才被称为'全球十大最酷马拉松路线'之一。"

汉斯马上提议说："我们现在开始比赛，看谁第一个到达前面山上的烽火台。"

"好哇！"

"一、二、三，开始！"

这时，他们三个小伙子奋力地向前面的烽火台跑去。

# 送君千里，终有一别？

天气渐渐变冷。按西方人的算法，现在还是深秋，但按中国的农历算法，已经过了"立冬"节气。

今天出了太阳，照在身上暖洋洋的。汉斯正在收拾行李，他昨夜没有睡好，因为今天就要离开这里的好朋友了，他想了很多很多，从上海想到北京，从学校想到旅游，从马丁一想到了王小刚，彻夜未眠。

早上一起来，汉斯就打不起精神。吃完早餐，Tim 催促汉斯："汉斯，你要快点呀，马丁一和他的父母都来了。"

汉斯带着伤心的声音回答道："哦，我知道了。"

这时，马丁一走进了房间，并问："汉斯，你准备好了没有？东西收拾得怎么样了？"

汉斯忙答道："丁一，你来了，我快要收拾好了。"

马丁一的父母也随后进来。马丁一的母亲看到汉斯左一袋右一包，便对汉斯说："你最好将这两个袋子合为一个。"

汉斯看了看，说："丁阿姨，您说得对。"

汉斯接受了马丁一母亲的建议，三下五除二，把行李整理好了，整装待发："我都弄好了，可以走了。"

马丁一的父亲说："那好吧，我们把行李装车吧。"

不一会儿，汉斯的行李装上了车，他们一行向机场驶去。在车上，马丁一问汉斯："汉斯，你在中国生活了三个月，讲一讲，你对中国的感受吧。"

"丁一，我有许许多多的感受。可一下子，我又不知道从何说起。"

马丁一的母亲也说："汉斯，没关系，你随便说一说，也好让我们与你分享啊。"

汉斯感慨到："那好吧，我用中国的'新四大发明'来概括吧。"

"我还没有听说过，汉斯快说呀！"马丁一着急地问道。

"这中国的'新四大发明'就是网购、高铁、手机支付、共享单车。"

"你还真会总结这三个月的感受呀！"

"我还有一句话，那就是：

　　地大物博，

　　人口众多；

　　历史悠久，

　　文字神通；

　　聪明勤奋，

　　热情宽厚。"

"汉斯，我看，你以后上大学，一定要学习汉语或者中国文学。"马丁一的父亲插了一句。

"马叔叔，不瞒您说，我确实有这个想法。"

"哦，真是英雄所见略同呀！"马丁一感慨道。

顿时，车上的人都笑了起来。这笑声也冲淡了他们即将分离的悲伤。

北京国际机场到了。大家纷纷下了车，将行李从车箱中拿下来。他们一进候客厅，突然听到有人在喊："汉斯，汉斯。"

汉斯大吃一惊，他在想，在北京国际机场等候大厅内，怎么会有人认识自己呢？不可能，绝对不可能。奇怪的是，喊声不仅没停，反而越来越近了。他回头一看，站在他身后的正是王小刚和他的父母。汉斯惊喜万分，他忘记一切，扔掉手中的行李，一个劲地朝王小刚跑去。王小刚也一样，朝汉斯跑来，就像多年不见的老朋友再次相遇。

汉斯激动地喊道："小刚，杨阿姨，王叔叔，你们怎么来了？"

"我们来送你呀！"王小刚说。王小刚的父母也点了点头。

此时，汉斯不知道说什么好，感动得眼泪在眼眶内打转。

王小刚的母亲紧紧地拥抱着汉斯，然后把手中一个袋子交给了汉斯，说："这是送给你以及你的父母和妹妹的礼物。"

"这……"

"汉斯，不用说了，快拿着吧，你还要去办理行李托运。"王小刚的父亲说道。

汉斯接过袋子，将行李托运。在拿到登机卡之后，他与王小刚一家和马丁一家告别，其实，汉斯有好多话想跟王小刚和马丁一说，可不知怎么了，却一句话也说不出来。

马丁一看到这情景，首先打破了僵局，他说："汉斯，我很高兴能在中国又见到你这位老朋友，欢迎你再来。"

王小刚见机行事，接过话题："汉斯，祝你一路顺利！我们明年在德国见。"

王小刚的母亲走过来，说："时间不早了，汉斯，你该走了。"

王小刚的父亲说:"中国有一句话,'送君千里,终有一别。'"

这时,汉斯突然打破了沉默,开口说话:"德国与中国隔着千山万水,但是,我们之间的友情永远是连在一起的……"汉斯激动地说不下去了。

王小刚马上接过话,说:"汉斯说得好,我们的心永远连在一起,我们之间的友情会地久天长的。"

"汉斯,我们祝你一路平安。"马丁一的母亲说。

汉斯向送行的人一一告别,他边走边挥手,慢慢走进入口处。当他看不见王小刚一家和马丁一一家时,眼泪哗啦啦流了下来。在中国学习和生活的这段时间,他学到了许多的东西,这三个月的经历让他终身难忘。他永远不会忘记他的这些中国朋友们,并默默下了决心,要成为中西方之间的友谊使者,在建立中西方的友谊桥梁上,贡献出自己那一份微薄的力量。